JN040428

地域創造研究叢書
No.33

持続可能な スポーツツーリズムへの 挑戦

愛知東邦大学地域創造研究所＝編

唯学書房

はじめに

　2019年最大のスポーツイベントといえば、なんといってもラグビーワールドカップ（W杯）2019日本大会である。台風の影響で一部試合が行われなかったハプニングもあったが、大会組織委員会の発表によると全国12都市で開催された45試合に計170万4,443人の観客が訪れたという。また、チケット販売率も99.3%、約184万枚を売り上げ、アジア初開催の日本大会への関心の高さもこの数字から読み取れる。さらに、ソーシャルメディアの閲覧数は、前回のイングランド大会の4倍以上となる17億回であったことも発表されるなど、同大会の経済効果は4,370億円（推定）と発表された。

　ラグビーワールドカップ日本大会は、開催期間が44日間と一般的な国際スポーツイベントと比べて長期間にわたり、また会場が日本全国12の都市と広範囲に及ぶことから、観光などの支出が開催都市を中心とする国内各地の経済活性化に大きく貢献したという。特にラグビーワールドカップの観戦を目的に海外から訪れた訪日外国人観光客は、約40万人ともいわれており、まさにメガスポーツイベントにおける「スポーツツーリズム」ともいえよう。

　「スポーツツーリズム」とは、プロ野球の観戦、市民マラソンなどへの参加、オリンピックの運営ボランティアなど、さまざまな形でのスポーツとのかかわりを観光資源としてとらえ、国内観光の振興や訪日外国人の増加につなげるというものである。その意味において、2020年に開催される東京オリンピック・パラリンピックは、ラグビーワールドカップ日本大会以上の様々な効果が期待されている。

　スポーツツーリズムの推進には、まず「するスポーツ」「観るスポーツ」「支えるスポーツ」の市場分析が必要であるが、それと同時にラグビーワールドカップやオリンピックといったメガスポーツイベントによるスポーツツーリズムは、毎年行われるものではないため、わが国においては持続可能なスポーツツーリズムの実現に向けたプログラム開発が今後必要となろう。

　本研究所スポーツツーリズム研究部会は、これまでわが国におけるスポーツツーリズムの可能性を探ることを目的とし、とりわけ生涯スポーツの視点からスポーツツーリズムを捉え、それをどのように推進していくことが魅力ある地域づくりにつながるかということについて研究を行い、2015年11月『スポーツツーリズム

の可能性を探る―新しい生涯スポーツ社会への実現に向けて―』（地域創造研究叢書No. 24）を刊行した。

その後、本研究部会はさらなるスポーツツーリズムの発展に向けて、「持続可能なスポーツツーリズムへの挑戦」を研究テーマに掲げて研究を継続してきた。今回この研究成果を、地域創造研究叢書としてまとめる好機を得ることとなり、次のとおり著すことになった。

第1章では、「わが国の観光立国への挑戦」ついて、その現状と課題について示した。第2章では「スポーツツーリズムの推進に向けた取り組み」として、スポーツツーリズムの推進に向けた行政等の取り組み、スポーツツーリズムの効果、スポーツツーリズムのタイプ、スポーツツーリズムを推進する地域スポーツコミッションの活動を紹介した。また、第3章では「スポーツツーリズムの先進事例に学ぶ―沖縄県の取り組みに着目して―」と題し、その成功事例を紹介した。さらに、第4章では「生涯スポーツイベントによるスポーツツーリズムの実践―全国健康福祉祭（ねんりんピック）に着目して―」として、全国健康福祉祭（ねんりんピック）事例から、持続可能なスポーツツーリズムの実現に向けた検討を行った。

また、本研究部会では生涯スポーツとしてのパークゴルフに関する調査をこれまで継続的に重ねてきたことから、巻末に「パークゴルフに関する調査報告書」を掲載させていただいた。なお、同調査については、この報告書をもとに「International Conference of the 66th Japanese Society of Education and Health Science」と題して東亞大學校（韓国・釜山広域市）にて報告を行った。

最後に本書が今後のスポーツツーリズムの推進と生涯スポーツ社会の発展に向けての一助となれば幸いである。

2020年1月

杉谷　正次

石川　幸生

目　　次

第1章　わが国の観光立国への挑戦

　戦後高度経済成長期の日本経済を支えてきた「ものづくり産業」は、わが国の基幹産業であり、国内生産の拡大と輸出を伸張させた。しかし、近年わが国のものづくり産業は、中長期的な経済活動による収益が見込めず、国際競争力の低下が懸念されている。

　その一方で、観光は21世紀のリーディング産業ともいわれ、旅行業、宿泊業、輸送業、飲食業などによる裾野の広い産業であるとともに、わが国の力強い経済を取り戻すための極めて重要な成長産業と位置づけられている。そして観光産業は、急速に成長するアジアをはじめとする世界の観光需要を取り込むことにより、地域活性化、雇用機会の増大などの効果が期待されている。さらに、観光産業は世界中の人々が日本の魅力を発見し、伝播することによる諸外国との相互理解の増進も同時に期待されている。

I　観光立国実現に向けたわが国の取り組み

　わが国の観光産業は順調に成長してきており、その経済効果は大きい。国土交通省観光庁の調査研究によれば、2017年の内部観光消費は27.1兆円（2016年：26.4兆円）であり、それが生み出す生産波及効果を55.2兆円（2016年：53.8兆円）、そして観光消費による付加価値誘発効果を27.4兆円（2016年：26.7兆円）と推計している（図1-1）。

　この観光消費による付加価値誘発効果は、国内産業の生み出した付加価値を合算した数値であり、中間投入が含まれないため、産業間での重複はないとしている。したがって、観光産業がもたらすわが国の経済への貢献度の指標としては、観光消費による付加価値効果27.4兆円はわが国の名目GDPの5.0％に相当するとしている。

　また、この内部観光消費による直接効果に対応する2017年の雇用誘発効果を

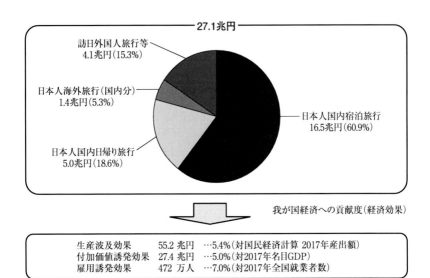

図1-1　わが国の観光産業における経済効果
（出所）観光庁「旅行・観光産業の経済効果に関する調査研究」

249万人（2016年：243万人）とし、さらに経済波及効果を含めた雇用誘発効果を472万人（2016年：459万人）と推計している[1]。このことから観光産業は、わが国の経済に大きな影響を及ぼす成長産業となっているが、観光先進国である欧米諸国の観光消費額対名目GDPの割合を比較してみると、ドイツ（10.0%）、イギリス（8.3%）、オーストラリア（8.1%）、スペイン（7.0%）となっており、わが国は最も高いドイツの約2分の1にとどまり、先進国の中でも低い水準となっている。したがって、わが国としてはこうした観光産業を発展させることが急務となっている。

　さて、わが国の観光産業発展に向けての具体的な取り組みは、2003年に開催された観光立国懇談会から始まる（表1-1）。同懇談会では、観光立国としての基本的なあり方を検討するとともに、日本に訪れる外国人旅行者を2010年に倍増させるという目標を掲げた。そして、この懇談会をきっかけに、わが国では観光立国に向けた積極な取り組みが展開されるようになった。

　その取り組みの一例が、2003年4月からスタートした「ビジット・ジャパン事業」[注1]である。その後、観光立国を目指すわが国は、2007年1月「観光立国推進基本法」を施行して「観光立国推進基本計画」を策定し、さらに2008年10月

表 1-1　観光立国の実現に向けたわが国の取り組み

2003 年	1 月	小泉純一郎総理（当時）が「観光立国懇談会」を主宰
	4 月	ビジット・ジャパン事業開始
2006 年	12 月	観光立国推進基本法が成立
2007 年	6 月	観光立国推進基本計画を閣議決定
2008 年	10 月	観光庁設置
2009 年	7 月	中国個人観光ビザ発給開始
2009 年	12 月	観光立国推進本部を設置
2012 年	3 月	観光立国推進基本計画を閣議決定
2013 年	1 月	「日本再生に向けた緊急経済対策」を閣議決定
		第 1 回国土交通省観光立国推進本部を開催
	3 月	第 1 回観光立国推進閣僚会議を開催
	4 月	第 2 回国土交通省観光立国推進本部を開催（「国土交通省観光立国推進本部とりまとめ」を公表）
	6 月	第 2 回観光立国推進閣僚会議を開催（「観光立国実現に向けたアクション・プログラム」をとりまとめ）
		「日本再興戦略―JAPAN is BACK―」を閣議決定
	12 月	訪日外国人旅行者 1,300 万人達成
2014 年	6 月	「観光立国実現に向けたアクション・プログラム 2014」決定（「2020 年に向けて、訪日外国人旅行者数 2,000 万人を目指す」ことを明記）
		「日本再興戦略」改訂 2014 を閣議決定
2015 年	6 月	「観光立国実現に向けたアクション・プログラム 2015」を決定（「2,000 万人時代を万全の備えで迎え、2,000 万人時代を早期実現する」ことを明記） 「日本再興戦略」改定 2015 を閣議決定
	11 月	安倍総理が第 1 回「明日の日本を支える観光ビジョン構想会議」を開催
	12 月	訪日外国人旅行者 1,900 万人達成
2016 年	3 月	「明日の日本を支える観光ビジョン」を策定
		訪日外国人旅行者数 2020 年 4,000 万人、2030 年 6,000 万人等の新たな目標を設定
	12 月	訪日外国人旅行者 2,400 万人達成
2018 年	12 月	訪日外国人旅行者 3,100 万人達成
2019 年	6 月	「観光ビジョン実現プログラム 2019」を策定

（出所）観光庁の資料をもとに筆者が作成

には観光立国の推進体制を強化するため、国土交通省の外局として「観光庁」を発足させた。そして 2009 年 12 月、観光立国の実現に取り組むため「観光立国推進本部」を設置するとともに、同本部の下に「観光連携コンソーシアム」[注2] が置かれた。

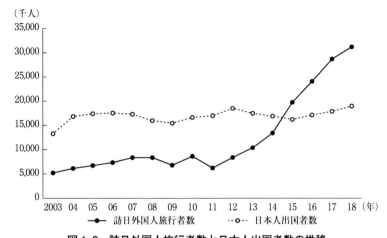

図 1-2　訪日外国人旅行者数と日本人出国者数の推移
（出所）日本政府観光局（JNTO）発表の統計データをもとに筆者が作成

　図 1-2 は、ビジット・ジャパン事業開始以降の訪日外国人旅行者数と日本人出国者数の推移を表したものである。訪日外国人旅行者の推移をみると、2003 年から2008 年までは微増ではあるが毎年増加している。しかし 2009 年と 2011 年は、訪日外国人旅行者は減少している。その原因は、リーマンショック、東日本大震災の影響と考えられる。

　その後観光庁は、国内旅行需要の拡大のために、旅行目的の変化、とりわけ「体験型」「交流型」旅行のニーズの高まりを踏まえ、地域資源を活用した新たな形態の旅行商品（長期滞在型観光、エコツーリズム、グリーンツーリズム、ヘルスツーリズム、スポーツツーリズム等の「ニューツーリズム」）の創出と流通を促進するなどの施策を展開した。また、2013 年 1 月に国土交通省観光立国推進本部の設置や同年 3月の観光立国推進閣僚会議の設置などにより、これまでの観光庁と他省庁との縦割りの弊害が取り除かれたことなどから、この年初めて訪日外国人旅行者が 1,000 万人を突破し、翌年以降も順調に増加し続け、2014 年 1,341 万人、2015 年 1,973 万人、2016 年 2,403 万人、2017 年 2,869 万人、2018 年 3,119 万人と急増した。

　その一方、日本人の海外旅行者は、この間低迷を続けている。特に 2015 年以降、訪日外国人旅行者数と日本人出国者数が逆転していることから、わが国の観光立国政策は、訪日外国人旅行者、いわゆるインバウンド事業に重点がおかれているとい

表 1-2　観光立国推進基本計画（2017 年改訂）の概要

計画期間	2017 年度から 2020 年度の 4 年間
基本方針	・国民経済の発展：観光を基幹産業に成長化、地域の活性化 ・国民相互理解の増進：国際人材の育成、日本への理解促進 ・国民生活の安定向上：旅の楽しみを実感できる環境の整備 ・災害・事故等のリスクへの備え：安心・安全な観光環境、災害復興
目　　標	・国内旅行消費額：21 兆円 ・訪日外国人旅行者数：4,000 万人 ・訪日外国人旅行消費額：8 兆円 ・訪日外国人リピーター数：2,400 万人 ・訪日外国人旅行者の地方部における延べ宿泊者数：7,000 万人泊 ・アジア主要国における国際会議の開催件数に占める割合：3 割以上 ・日本人の海外旅行者数：2,000 万人

（出所）「観光立国推進基本計画」2017 年 3 月 28 日閣議決定

える。2014 年に決定した「観光立国実現に向けたアクション・プログラム」では、「2020 年に向けて、訪日外国人旅行者数 2,000 万人を目指す」としていたが、2016 年にその目標を達成したことから、2017 年には観光立国推進基本計画を見直し、政府は総合的かつ計画的に講ずべき施策の一つとして「スポーツツーリズム」が位置づけられた。見直しされた概要は、表 1-2 のとおりである。

Ⅱ　世界の観光市場とわが国のインバウンド観光の現状

　観光立国実現に向けたわが国の施策は、それなりに機能しているようにみえるが、世界各国・地域と比較した場合、現在のところ十分なものとはなっていない。図 1-3 は、国連世界観光機関（UNWTO）(注 3) が毎年発表している世界各国・地域への外国人訪問者数（2017 年上位 20 位）のデータである。日本は、前年の 2,403 万人（14 位）から 2,869 万人（12 位）にランクアップし、アジアの中で中国の 6,074 万人、トルコ 3,760 万人、タイ 3,538 万人に次いで第 4 位となった。しかし、トップのフランスの 8,691 万人と比べるとその差は約 3 倍もあり、はたしてわが国の観光市場は今後も順調に拡大していくことができるのであろうか。

　その意味において、今後の訪日外国人旅行者の推移やその要因を分析することは今後のインバウンド事業を営むうえで重要なポイントとなる。また観光市場の動向を正確につかむためには、自らが継続的に調査を行うとともに、公的機関が公表する統計データ等を分析するなどして、さらに迅速に対応する必要があろう。

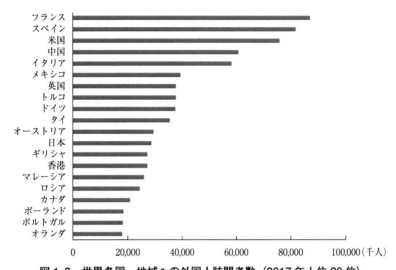

図 1-3　世界各国・地域への外国人訪問者数（2017 年上位 20 位）
（出所）UNWTO「世界各国・地域への外国人訪問者数」のデータをもとに筆者が作成

　公的機関が公表している統計データとしては、UNWTO が発表した最新の世界観光統計がある。それによると、2018 年の世界における国際観光客到着数（宿泊を伴う訪問客）は、推定 14 億人であったと発表している[2]。2010 年に発表された同機関の長期予測では、「国際観光客到達数は、2020 年に 14 億人に到達する」と予測していたが、好調な経済成長、LCC 航空の参入などにより手ごろとなった航空旅行、技術の進化、新たなビジネスモデル、世界各地におけるさらなる査証の簡素化等により、ここ数年の成長は予測を上回ったのではないかと分析をしている。同統計データによると、国際観光客到着数は前年の数値に比べ 6％増加していることになり、同時期の世界経済の成長率 3.7％を上回っていることになる。

　また、地域別で最も伸び率が高かったのは、中東の 10％増、次いでアフリカの7％増、アジア・太平洋およびヨーロッパは 6％増であった。米州は 3％増であったものの唯一世界平均の 6％増を下回った。なお、同機関では、現在の潮流や経済展望などを勘案して、2019 年の国際観光客到着数の成長が、従来の傾向に沿った 3％から 4％になると予測をしている。

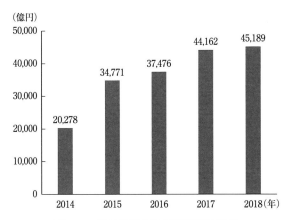

図 1-4　訪日外国人旅行消費額の推移

（出所）観光庁「訪日外国人の消費動向―訪日外国人消費動向調査
結果及び分析―（2018年 年次報告書）」のデータをもと
に筆者が作成

Ⅲ　訪日外国人旅行者による経済効果とその動向

　2019年3月29日、観光庁は「訪日外国人の消費動向―訪日外国人消費動向調査
結果及び分析―（2018年 年次報告書）」を発表した [3]。

　同調査は、日本を訪れた外国人観光客の国籍・地域別の旅行消費額に関するも
のであるが、この調査結果によると、2018年の訪日外国人旅行消費額は4兆5,189
億円（2017年は4兆4,162億円）で過去最高を記録したと報告している（図1-4）。

　国籍・地域別の訪日外国人旅行消費額をみると、中国が1兆5,450億円（構成比
34.2％）、次いで韓国の5,881億円（同13.0％）、台湾の5,817億円（同12.9％）、香港
の3,358億円（同7.4％）、米国は2,893億円（同6.4％）であった（図1-5）。訪日外国
人、中国の旅行消費額が全体の構成比の3分の1以上であり、さらに上位5カ国の
内、4カ国がアジアの国が占めていることから、わが国のインバウンド観光におい
てはアジア市場が重要であるといえる。

　2018年の訪日外国人旅行者の1人当たりの旅行支出は、15万3,029円と推計さ
れている。最も高く支出している国は、オーストラリアの24万2,041円、次いで
スペインの23万7,234円、中国の22万4,870円、イタリアの22万3,555円、英国

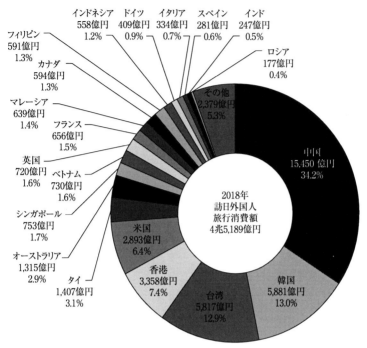

図 1-5　国籍・地域別の訪日外国人旅行消費額と構成比

（出所）観光庁「訪日外国人の消費動向―訪日外国人消費動向調査結果及び分析―（2018年 年次報告書」

の 22 万 929 円の順となっており、一時期爆買で話題となった中国は第 3 位であった。オーストラリア、スペイン、イタリア、英国といった欧州の国の旅行消費額が高い理由としては、一般的にアジアの旅行客に比べて長期滞在をする人が多いため、その結果として旅行支出が高くなっていると考えられる。

　実際、国籍・地域別にみた日本での平均宿泊数は、欧州の国ではフランスが 18.4 泊、イタリア 15.2 泊、スペイン 14.3 泊、英国 13.8 泊、オーストラリアが 13.3 泊であったのに対し、アジアの国・地域では、中国が 9.7 泊、台湾 6.8 泊、香港 6.3 泊、韓国 4.4 泊という滞在日数であった。アジアの国・地域の中では、ベトナムが 38.0 泊、フィリピン 24.6 泊、インドネシアが 12.1 泊となっており、アジアの中でも例外ともいえる。

　さて、訪日外国人旅行消費額の費目別構成比に注目してみると、「モノ消費」か

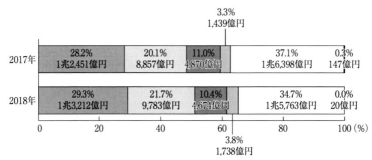

図1-6　訪日外国人旅行消費額の費目別構成比

（注）2018年度1-3月期より、サービス消費を詳細に把握するため「娯楽等サービス費」に「温泉・温浴施設・エステ・リラクゼーション」「マッサージ・医療費」等の費目を追加し「娯楽等サービス費」としたため、前年同期と単純比較はできない。

（出所）観光庁「訪日外国人の消費動向―訪日外国人消費動向調査結果及び分析―（2017年・2018年 年次報告書」のデータをもとに筆者が作成

ら「コト消費」へのシフトしてきているように思われる。実際、2018年の外国人旅行消費額の費目別構成比をみてみると、買物代の構成比は34.7％（1兆5,763億円）と最も多く、次いで宿泊費29.3％（1兆3,212億円）、飲食代21.7％（9,783億円）、交通費10.4％（4,674億円）、娯楽等サービス費3.8％（1,738億円）の順となっており、中国人の「爆買い」に代表される「モノ消費」がまだまだ根強い（図1-6）。

　しかし、2017年の訪日外国人旅行消費額の費目別構成比と比較してみると、2017年の買物代の構成比が37.1％から34.7％に減少している。その一方で宿泊費は28.2％から29.3％、飲食費は20.1％から21.7％、娯楽等サービス費も3.3％から3.8％となっており、買い物代以外の構成比が増えている。したがって、このことから推測すれば、訪日外国人旅行者の旅行目的が、「モノ消費」から体験を重視する「コト消費」へとシフトしてきているといえよう。このことからインバウンドにおいて「コト消費」を実現するためには、例えば日本の文化体験、自然体験、スポーツ、医療といったニューツーリズムの可能性を模索して実現することが有益ではなかろうか。

　また、近年の訪日外国人旅行者の訪問先にも変化がみられる。これまでの訪日外国人旅行者の主な訪問先は、外国人が好む観光地としてゴールデンルートに属する7府県（東京都・大阪府・京都府・千葉県・愛知県・神奈川県・静岡県）に集中してい

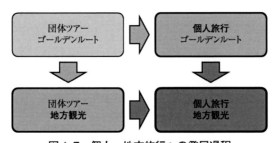

図 1-7　個人・地方旅行への発展過程

(出所) 国土交通省「インバウンド観光の現状と動向と課題」

た。また、国際線が充実している地方空港がある 3 道県 (北海道・沖縄県・福岡県) も人気の訪問先となっていた。これらの都市は、いずれも認知度が高く、また交通インフラも整っていることから、外国人旅行者の人気の訪問先となっていたのである。

　しかし、近年訪日外国人旅行者の訪問地に変化が生じてきており、ゴールデンルート以外の地方都市への訪問に増加傾向がみられる。また、旅行手配の方法も団体ツアーや個人向けパッケージツアーから個人旅行へと、そしてリピーターが増加してきていることなどの変化により、国際的に知名度の高い観光地以外でも、特色ある地域・観光資源を目当てに訪日外国人旅行者が多く訪れるようになった (図 1-7)。

Ⅳ　観光立国実現に向けた諸課題

　政府は、2020 年までに「訪日外国人旅行消費額 8 兆円」の目標を掲げており、その目標を達成するためには、①海外プロモーションを強化し「観光客数」を増やす、②観光スポットや宿泊先の選択肢を広げ「滞在日数」を増やす、③「コト消費」を中心とした商品やサービスで「商品単価」を高めるなどの、多面的な取り組みが必要であるとしている。

　そこで政府は、「観光先進国」への新たな国づくりをスタートさせるため、「明日の日本を支える観光ビジョン構想会議」において、新たな観光ビジョンを策定した。同ビジョンには、「世界が訪れたくなる日本」を目指すために「3 つの視点」と「10 の改革」を掲げている。

　「3つの視点」とは、「①我が国の豊富で多様な観光資源を、誇りを持って磨き上げ、その価値を日本人にも外国人にも分かりやすく伝えること、②観光の力で、地域に雇用を生み出し、人を育て、国際競争力のある生産性の高い観光産業へと変革していくこと、③CIQや宿泊施設、通信・交通・決済など、受入環境整備を早急に進めること、④高齢者や障がい者などを含めた、すべての旅行者が『旅の喜び』を実感できるような社会を築いていくこと」といった4つの課題に向けた具体的な施策である。

　その「3つの視点」における「10の改革」とは、次のとおりである[4]。

視点1　観光資源の魅力を極め、地方創生の礎に

○「魅力ある公的施設」を、ひろく国民、そして世界に開放

　―「技」の粋がつくされた日本ならではの空間を世界に―

　・赤坂や京都の迎賓館をはじめ、我が国の歴史や文化に溢れる公的施設を、大胆に、一般向けに公開・開放し、観光の呼び水とします。

○「文化財」を、「保存優先」から観光客目線での「理解促進」、そして「活用」へ

　―「とっておいた文化財」を「とっておきの文化財」に―

　・2020年までに、文化財を核とする観光拠点を全国で200整備、わかりやすい多言語解説など1000事業を展開し、集中的に支援を強化します。

○「国立公園」を、世界水準の「ナショナルパーク」へ

　―世界中から休日をすごしにくる上質感あふれる空間に―

　・2020年を目標に、全国5箇所の公園について、保護すべき区域と観光活用する区域を明確化し、充実した滞在アクティビティなど、民間の力も活かし、体験・活用型の空間へと生まれ変わらせます。

○おもな観光地で「景観計画」をつくり、美しい街並みへ

　―ひと目見れば忘れない、ひと目見ただけで場所がわかる景観に―

　・2020年を目途に、原則として全都道府県・全国の半数の市区町村で、「景観計画」を策定します。

　・外国人旅行者向け周遊ルートには、専門家チームを国から派遣し、景観を徹底改善します。

視点2　観光産業を革新し、国際競争力を高め、我が国の基幹産業に

○古い規制を見直し、生産性を大切にする観光産業へ

・60年以上経過した規制・制度の抜本見直し（通訳案内士、ランドオペレーター、旅行業など）のほか、トップレベルの経営人材育成、民泊ルールの整備、宿泊業の生産性向上などを、総合パッケージで推進・支援します。

○あたらしい市場を開拓し、長期滞在と消費拡大を同時に実現

・欧州・米国・豪州や富裕層などをターゲットにしたプロモーション、戦略的なビザ緩和、首都圏におけるビジネスジェットの受入環境の改善を実施します。

○ MICE 誘致・開催の支援体制を抜本的に改善し、世界で戦える日本の MICE へと成長させます。

○疲弊した温泉街や地方都市を、未来発想の経営で再生・活性化

・2020年までに、世界水準のDMO（Destination Management/Marketing Organization）を、全国で100形成します。

・観光地再生・活性化ファンド、規制緩和などを駆使し、民間の力を最大限活用した安定的・継続的な「観光まちづくり」を実現します。

視点3　すべての旅行者が、ストレスなく快適に観光を満喫できる環境に

○ソフトインフラを飛躍的に改善し、世界一快適な滞在を実現

・世界最高水準の技術活用により、出入国審査の風景を一変させます。

・無料 Wi-Fi 環境の整備促進や一回の認証手続で利用できる環境の整備、SIMカードとの相互補完利用、多言語翻訳システム、個人のニーズに合わせた観光情報の配信など最適なサービス提供基盤の社会実装化、新幹線や高速バス等における海外からのインターネット予約可能化、JR も含めた東京23区内の駅ナンバリングの完成などにより、ストレスフリーな通信や交通の利用環境を実現します。

・主要な商業施設や宿泊施設、観光スポットにおける「100％のクレジットカード決済対応」および「100％の決済端末の IC 対応」、3メガバンクにおける海外発行カード対応 ATM の設置計画の大半の大幅な前倒し要請（2020年→2018年）などにより、キャッシュレス観光を実現させます。

・2020年までに、訪日外国人が特に多い地域を中心に、外国人患者受入体制

が整備された医療機関を、現在の5倍にあたる100箇所で整備します。
　　・「ユニバーサルデザイン2020」を策定し、2020年東京オリンピック・パラ
　　　リンピック競技大会を契機に、観光地や交通機関において、より高い水準の
　　　ユニバーサルデザイン化と心のバリアフリーを推進します。
　○「地方創生回廊」を完備し、全国どこへでも快適な旅行を実現
　　　—隅から隅まで日本の旅を楽しめるように—
　　・外国人向け「ジャパン・レールパス」を、訪日前だけでなく日本到着後でも
　　　購入可能にします。
　　・新幹線開業やコンセッション空港運営等と連動し、観光地へのアクセス交通
　　　の充実を図ります。
　○「働きかた」と「休みかた」を改革し、躍動感あふれる社会を実現
　　　—国民一人ひとりが「仕事も」「休日も」楽しめるように—
　　・2020年までに、年次有給休暇の取得率を70％（2014年：47.6％）へと向上さ
　　　せます。
　　・休暇取得の分散化のため産業界に対し奨励を行うとともに、経済的インセン
　　　ティブ付与の仕組みの導入を目指します。

　以上の「3つの視点」における「10の改革」は多岐にわたっており、果たして
すべて実現することは可能なのだろうか。また実現するにしてもかなり時間を要す
るものも含まれているといえる。
　視点1の「観光資源の魅力を極め、地方創生の礎に」については、言い換えれば
新たな観光資源の発掘と環境整備ともいえよう。すでにアピールできる観光資源は
もちろんのこと、とりわけ地方に存在する建築文化遺産や生きた文化遺産など、新
たな観光資源を発掘することは地方創生の礎となる。新たなものを創り出すという
よりも、すでに存在する地方の観光資源を見つけ出し、環境を整備した上で、その
見せ方を工夫しながらプロモーションしていくことになる。例えば、新潟や金沢、
山口など主要都市とは離れた場所にも観光地として十分魅力的な地域は数多く存在
しており、インバウンド拡大を目的とした場合、外国人にとってまだ認知度が低い
地域の活性化は大きな伸びしろとなるはずである。したがって、主要観光地以外の
地方の観光資源をいかに活用していくかが重要なポイントとなるであろう。
　視点2の「観光産業を革新し、国際競争力を高め、我が国の基幹産業に」につい

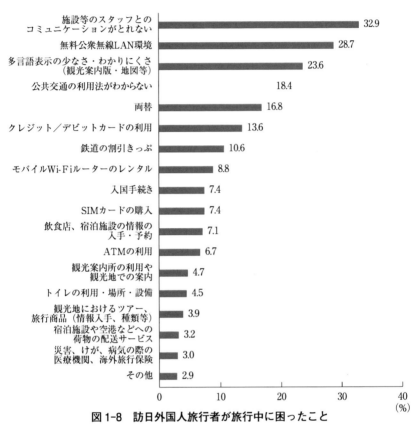

図 1-8　訪日外国人旅行者が旅行中に困ったこと

（出所）観光庁「訪日外国人旅行者の国内における受入環境整備に関するアンケート」2016 年

ては、非常にハードルが高い改革といえよう。わが国の観光産業は順調に育ってき
てはいるものの、他産業と比較してもそれほどでもない。日本の旅行消費額（国内
旅行、海外旅行）は、2017 年の名目 GDP に占める割合が 5.0％で、最も高いドイツ
の約 2 分の 1 にとどまり、先進国の中でもまだまだ低い水準にある。

　また主要都市の観光地近辺では、ホテルを含めた宿泊先の不足が顕著に出てお
り、どの都市の宿泊施設もほぼ飽和状態になっている。わずか 3 年で 1.5 倍の訪日
外国人旅行者が増加したこともその原因ではあるが、現段階で宿泊施設の不足は緊
急課題の 1 つである。古い規制や制度を見直すことによって、宿泊業の生産性を向
上させるなど、また疲弊した温泉街や地方都市を再生させるといった改革を掲げて

いるが、それらは簡単にクリアできるものとはいえない。

　視点3の「すべての旅行者が、ストレスなく快適に観光を満喫できる環境に」については、主に観光庁が実施した「訪日外国人旅行者の国内における受入環境整備に関するアンケート」調査で明らかになった問題点に対する具体的な対応策といえる。

　同調査で「旅行中に困ったこと」として多かった回答は、「施設等のスタッフとのコミュニケーションがとれない」32.9％、次いで「無料公衆無線LAN環境」の28.7％、「多言語表示の少なさ・わかりにくさ」が23.6％、「公共交通機関の利用法がわからない」18.4％、「両替」16.8％、「クレジット／デビットカードの利用」13.6％などであった（図1-8）。なお、「困ったことはなかった」という回答も30.1％であった。

　これらのソフトインフラの改善については、技術的な改革が主なものであるため、視点1や視点2の改革に比べれば比較的容易に実現できる可能性がある。

V　持続可能な観光を目指して

　UNWTOは、「持続可能な観光に関する開発ガイドラインや管理慣習は、マス・ツーリズムや各種のニッチな観光分野も含め、あらゆる種類のデスティネーションにおけるあらゆる形式の観光に適用できるものです。持続可能性の原則は、観光開発に関する環境、経済、社会文化的な側面にもあてはまり、これら3つの側面の間で適切なバランスを図り、その長期的な持続可能性を確保しなければなりません」と、コンセプトとして定義している。

　さらに、このコンセプトを実現するためには、以下のことが求められるとしている。

①主要な生態学的過程を維持し、自然遺産や生物多様性の保全を図りつつ、観光開発において鍵となる環境資源を最適な形で活用する。

②訪問客を受け入れるコミュニティーの社会文化面での真正性を尊重し、コミュニティーの建築文化遺産や生きた文化遺産、さらには伝統的な価値観を守り、異文化理解や異文化に対する寛容性に資する。

③訪問客を受け入れるコミュニティーが安定した雇用、収入獲得の機会、社会

　サービスを享受できるようにする等、全てのステークホルダーに公平な形で社会経済的な利益を分配し、貧困緩和に貢献しつつ、実行可能かつ長期的な経済運用を実施する。

　また、「持続可能な観光の開発には、多方面からの参画やコンセンサスの形成を実現する強力な政治のリーダーシップが求められますが、これと同様に、関連するあらゆるステークホルダーが事実を知ったうえで参画することも求められます。持続可能な観光の実現に向けて、その道は絶え間なく続きます。影響を絶えずモニタリングし、また必要とあればいつでも、予防策や是正策を導入しなければなりません。また、持続可能な観光では、観光客の高い満足度を維持し、観光客が意義ある体験を享受できるようにすることで、持続可能性の問題に関する認識を高め、持続可能な観光の慣習を観光客の間で広めることも必要です」としている[5]。

【注記】
(注1)　ビジット・ジャパン事業とは、2003年1月に小泉総理大臣（当時）が施政方針演説において示した「2010年に訪日外国人旅行者数を倍増の1,000万人へ」との方針を受けてスタートした事業である。訪日外国人旅行者数の多い12の国・地域（韓国、台湾、中国、香港、タイ、シンガポール、米国、カナダ、英国、ドイツ、フランス、オーストラリア）を重点市場として定め、プロモーション活動をした。
(注2)　観光連携コンソーシアムとは、多様な観光メニューについて総合的な振興策の検討を行うため、関係府省の副大臣、大臣政務官で構成されるワーキングチームである。
(注3)　国連世界観光機関（UNWTO）は、1975年1月に観光に関する国際機関として設立され、2003年に国連の専門機関に移行した観光に関する世界最大の国際機関である。観光の地位・競争力の向上、持続可能な観光の推進、観光を通した貧困削減開発の推進等を支援している。

【引用文献】
[1]　国土交通省観光庁「旅行・観光産業の経済効果に関する調査研究」2018年3月、pp.320-321.
[2]　国連世界観光機関（UNWTO）「世界観光指標2019年1月号について」国連世界観光機関（UNWTO）駐日事務所、2019年2月15日発表、pp.1-4.
[3]　国土交通省観光庁「訪日外国人の消費動向—訪日外国人消費動向調査結果及び分析—（2018年　年次報告書）」2019年3月29日
[4]　明日の日本を支える観光ビジョン構想会議「明日の日本を支える観光ビジョン—世界

　　が訪れたくなる日本へ—」2016 年 3 月 30 日、pp.3-5.

[5] 国連世界観光機関（UNWTO）在日事務所公式ウェブサイト

　　https://unwto-ap.org/why/tourism-definition/

【参考文献】

・「観光立国推進基本計画」2017 年 3 月 29 日閣議決定

・国土交通省総合政策局「地域のモビリティ確保の知恵袋 2017—訪日外国人旅行者の地域
　　誘客を支える交通施策—」2018 年 3 月

第2章　スポーツツーリズムの推進に向けた　取り組み

　スポーツツーリズムとは、プロ野球の観戦、市民マラソンなどへの参加、スポーツイベントの運営ボランティアなど、さまざまな形でのスポーツとのかかわりを観光資源としてとらえ、国内観光の振興や訪日外国人の増加につなげるというものである。こうした「スポーツ」と「観光」を融合したスポーツツーリズムは、新しいビジネスモデルとして期待されている。したがって、このスポーツツーリズムを積極的展開することにより、旅行消費の拡大や雇用創出につながり、わが国の経済においても、また地域創生、地域におけるスポーツ振興という点においても大変意義深いものとされている。

　わが国では、2019年の「ラグビーワールドカップ」に続き、2020年の「東京オリンピック・パラリンピック」、2021年の「関西ワールドマスターズゲームズ」が誘致され、ここ数年の間に大きな国際スポーツ競技会が続けざまに開催される。そのため、これらのスポーツイベントを開催することによる経済効果が期待されている。

　では、わが国が進めるスポーツツーリズムの市場規模は、いったいどれぐらいあるのだろうか。

　英国調査会社 Technavio 社は、「Global Sports Tourism Market 2019-2023」において、世界のスポーツツーリズムの市場規模について次のように報告をしている[1]。それによると、2016年の世界のスポーツツーリズムの市場規模は、1兆4,100億米ドル（153兆6,900億円／1米ドル＝109円で換算）であったが、その後国内および国際トーナメントの数の増加によって、2023年には6兆1,200億米ドル（667兆800億円／1米ドル＝109円で換算）の市場規模になると予測をしている（図2-1）。この予測が現実となれば、スポーツツーリズムの市場規模は7年間で4.34倍も成長することになる。

　このようにスポーツツーリズムは、21世紀のリーディング産業として最も優秀なアイテムといっても過言ではない。そこで本章では、わが国のスポーツツーリズ

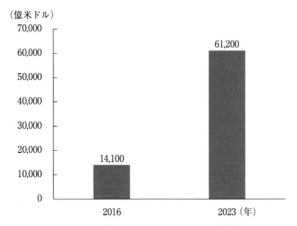

図 2-1　スポーツツーリズムの市場規模
（出所）Technavio 社が発表したデータをもとに筆者が作成

ムの推進に向けた取り組みについて紹介をする。

Ⅰ　スポーツツーリズムの推進に向けた行政等の取り組み

　観光立国を目指すわが国は、2007 年 1 月「観光立国推進基本法」を施行して「観光立国推進基本計画」を策定し、さらに 2008 年 10 月には観光立国の推進体制を強化するため、国土交通省の外局として観光庁を発足させた。そして 2009 年 12 月、観光立国の実現に取り組むため、「観光立国推進本部」を設置するとともに、同本部の下に「観光連携コンソーシアム」が置かれ、2010 年 1 月「スポーツ観光」が初めて取り上げられた。そこで観光庁は、これを受けて 2010 年 5 月「スポーツツーリズム推進連絡会議」を組織して「スポーツ」と「観光」を融合した「スポーツツーリズム」の振興方策についての検討が開始され、その基本方針が 2011 年 6 月にまとめられた（表 2-1）。

　同会議には、スポーツ団体、観光団体、スポーツ関連企業、旅行関係企業のほか、文部科学省などの関係省庁の代表者、研究者が参加し、「スポーツツアー造成」「チケッティング改善」「国際化・国際交流推進」「施設魅力化・まちづくり」の 4 つのワーキングチームを編成して、それぞれが抽出した諸課題を「実証実験」及び

表 2-1　スポーツツーリズムの推進に向けた取り組み

2010 年 1 月	政府の観光立国推進本部で初めて「スポーツ観光」が取り上げられる
5 月	スポーツツーリズム推進連絡会議を設置
2011 年 6 月	「スポーツツーリズム推進基本方針」を策定
2012 年 3 月	「観光立国推進基本計画」「スポーツ基本計画」内で位置づけられる
2012 年 4 月	一般社団法人日本スポーツツーリズム推進機構設立
2013 年 6 月	「観光立国実現に向けたアクションプログラム」を策定
2013 年 9 月	2020 年オリンピック・パラリンピック競技大会　東京開催決定
2014 年 6 月	「観光立国実現に向けたアクションプログラム 2014」を決定
2015 年 6 月	スポーツ庁設置
2016 年 3 月	スポーツ庁・文化庁・観光庁の包括連携協定締結
2017 年 3 月	スポーツ庁「第 2 期スポーツ基本計画」において、スポーツを通じた地域活性化の具体的施策として『スポーツツーリズム』が盛り込まれる
2019 年 3 月	「スポーツツーリズムの推進に向けたアクションプログラム 2019」を策定

(出所)　一般社団法人日本スポーツツーリズム推進機構ホームページより筆者が作成

「調査」で検証をし、課題解決のための着眼点や方向性についてまとめられてきた。

　その後、この同協議会は、2012 年 4 月「一般社団法人日本スポーツツーリズム推進機構 (JSTA：Japan Sport Tourism Alliance)」という発展的な組織として設立し、関連団体のネットワーク創出や情報の集約といった総合的な役割を担っており、各スポーツイベントの開催支援や先進事例を紹介するシンポジウムの開催などを通してスポーツツーリズムの全国的な普及拡大をサポートしている。

　当初文部科学省は、「スポーツ立国戦略」の中で国際競技大会の招致・開催支援やスポーツツーリズムの促進を盛り込み、2012 年に策定された「スポーツ基本計画 (第 1 期)」では、旅先を楽しむスポーツツーリズムや地域スポーツコミッションの設立支援などスポーツツーリズム推進に向けた施策を展開していた。その後、2015 年にスポーツ庁が設置され、2017 年に同庁が策定した「スポーツ基本計画 (第 2 期)」では、スポーツを通じた地域活性化としてスポーツツーリズムを位置づけ、表 2-2 のようにスポーツツーリズムに特化した数値目標と施策を掲げた。

　このような経緯からスタートした新しい試みについては、国がスポーツツーリズムを推進していく方向性と組織体制を整備するとともに、地方公共団体や民間にもその考え方が広がり、現在では日本各地でスポーツツーリズムに向けた取り組みが展開されている。

表2-2 スポーツ基本計画（第2期）におけるスポーツツーリズムの目標値と施策

計画期間	2017年から2021年の5年間
目　標　値	・スポーツ目的の訪日外国人数：138万人から250万人に増加 ・スポーツツーリズム関連消費額：2,204億円から3,800億円に増加 ・地域スポーツコミッション設置数：56から170に増加
施　　策	・スポーツツーリズムの需要喚起・定着推進：関係機関と連携したプロモーション、地域の資源開発、関連商品の開発 ・消費者調査・優良事例の活用：地域スポーツコミッション設立支援、持続的な資源開発、ユニバーサルデザインの導入 ・スポーツと文化芸術の融合：優良事例の表彰・奨励・モデル化 ・地域コミュニティの維持・再生：地域スポーツイベントや地元スポーツチームへの住民の参画（参加・運営・支援・応援） ・持続的な体制整備：経営的に自立したスポーツ関連組織の分析、プロスポーツや民間と連携による収益拡大 ・ホストタウン支援：ラグビーW杯2019や東京2020に向けて、各国と人的・経済的・文化的交流を推進

（出所）文部科学省・スポーツ庁「スポーツ基本計画（第2期）」2017年3月24日

Ⅱ　スポーツツーリズムの効果

　スポーツツーリズムとは、一般的にスポーツとのかかわりを観光資源としてとらえ、国内観光の振興や訪日外国人旅行者の増加等につなげるニューツーリズムの1つである。こうした「スポーツ」と「観光」を融合したスポーツツーリズムは、地域活性化策の新しいビジネスモデルとしての役割が期待されている。したがって、このスポーツツーリズムを積極的展開することにより、旅行消費の拡大や雇用創出につながり、わが国の経済においても、また地域創生、地域におけるスポーツ振興という点においても大変意義深い。

　スポーツツーリズム推進連絡会議でまとめられた「スポーツツーリズム推進基本方針」では、スポーツツーリズムに期待する効果について、以下の3つを想定している[2]。

　①訪日外国人旅行者の増加
　　これまでの観光で顕在化していなかった日本の魅力や奥深さをスポーツという新たなテーマで伝えることにより、日本においてスポーツに触れるというストーリーを創造し、新たな日本の観光のブランド創出や訪日モチベーションの向上に結びつけることが期待できる。

②国際イベントの開催件数の増加

　オリンピックやワールドカップなどのメガイベントの招致・開催だけではな
　く、単一競技の国際大会や地方公共団体等が主催する中小規模のスポーツ交流
　イベント、さらに、国際オリンピック委員会や国際競技団体が主催するスポー
　ツ関連の国際会議を積極的に開催することにより、国際イベントの開催件数増
　加が期待できる。

③国内観光旅行の宿泊数・消費額の増加

　プロ野球やJリーグをはじめとした「観る」スポーツの観戦行動に新たな観光
　の魅力を加味することや、アクティブに地域の魅力を楽しむためのトレッキン
　グやサイクリング、スポーツイベントへの参加など、「する」スポーツのコン
　テンツ開発により、新たな旅行行動を喚起し、宿泊数の増加、旅行消費額の拡
　大が期待できる。

　さらに、スポーツツーリズムを推進することにより、前述した効果に加え、関係
省庁との連携により、次のような5つの効果も期待できるとした。

①活力ある長寿社会づくり

　大自然の中でのウォーキングなどスポーツを健康づくりの手段として活用する
　ことで、国民心身の健康の保持増進や効果的なリハビリテーション、介護予
　防、その結果として医療・介護費の抑制等が期待でき、明るく活力のある長寿
　社会づくりに貢献できる。

②若年層の旅行振興

　旅行離れが進むと言われる若年層に魅力的なスポーツをテーマとした旅行商品
　づくり（「スポーツ婚活」旅行など）を促進することにより、若年層の旅行需要
　拡大につながり、旅行市場全体を活性化することが期待できる。

③休暇に関する議論の活発化

　国民の多くが親しむ余暇活動であるスポーツをテーマとした行動喚起により、
　国民全体の休暇に対する意識が高まることや、有給休暇の取得促進や休暇に関
　する議論が活発化することが期待できる。

④産業の振興

　アウトドアスポーツなどの活性化により、衣料品やスポーツ用具のメーカーな

どのスポーツ産業が、サイクリングやロードレースの普及により自転車メーカーや輸送産業が、モータースポーツや公営競技の支援により車両メーカーをはじめとした自動車産業が、といった具合に幅広い産業の振興につながり、新たな雇用の創出が期待できる。

⑤国際交流の促進

国際競技大会のみならず、スポーツ交流イベントはジュニアからシニアまでの幅広い世代における比較的気軽な国際親善交流を可能とし、これにより二国間・多国間の相互理解が深まり安全保障にも貢献できる。

Ⅲ　スポーツツーリズムのタイプ

スポーツを活用したスポーツツーリズムのタイプを整理すると、大きく次の4つに分類することができる。

①ホームタウン型

地域のトップアスリートチームが活躍し、それを地域（住民・企業・行政等）が支えてスポーツツーリズムを形成するもの。

②イベント開催型

大規模な国際大会や全国レベルのスポーツイベントなどの開催を基本としてスポーツツーリズムを形成するもの。

③キャンプ・合宿型

スポーツキャンプ・合宿の場として、施設をはじめとした環境・資源を活かし、提供して宿泊などの経済効果の拡大を図ってスポーツツーリズムを形成するもの。

④リゾート型

地域の自然環境、気候条件などを活かして主にアウトドアスポーツの活動の場を提供し、宿泊・飲食・交通事業者等と連携してスポーツツーリズムを形成するもの。

ホームタウン型としては、一般社団法人アントラーズホームタウンDMOの事例があげられる。同組織は、Ｊリーグの鹿島アントラーズのホームタウンである鹿行

（ろっこう）地域[注1] 内にスポーツツーリズムを核とした鹿行地区の観光プラットフォームを確立し、交流人口拡大や雇用の創出、地域経済の活性化を行うために設立されている。観光客誘客のための「着地型旅行事業」と新電力販売や地域商社といった DMO 自走化のための「収益事業」を二本柱に、「地域の稼ぐ力」を向上させるための事業を展開している[3]。

　イベント開催型の事例としては、オリンピックやワールドカップといったメガスポーツイベントはもちろんのこと、国民体育大会などの全国レベルの大会や単一競技の国際大会、地方公共団体等が主催する中小規模のスポーツ交流イベントがその代表的なものである。

　キャンプ・合宿型の事例としては、沖縄県のプロ野球の春季キャンプがある。沖縄県でキャンプを実施する球団は、毎年9〜10球団程度であるが、観客数・経済効果もほぼ右肩上がりとなっている。また、沖縄県ではこの時期に日本の地域リーグ球団、韓国や台湾などのプロ野球球団もキャンプを実施しており、さらにJリーグなどのサッカークラブもキャンプを実施している。

　リゾート型としては、北海道ニセコ地域の事例があげられる。同地域のニセコ町では、2003年9月、全国で初めて観光協会を株式会社化した「ニセコリゾート観光協会」[注2] を設立するなど、特にインバウンドの観光に力を入れている。同地域には毎年オーストラリアからの長期滞在をする旅行者が多く、また近年では東南アジアの観光客も増加している。国際リゾートを目指すニセコリゾート観光協会では、現在インバウンド向けに、日本語、英語、中国語、韓国語、ドイツ語、フランス語、イタリア語、スペイン語、ロシア語などの言語に対応した公式サイトを運営している。

IV　スポーツツーリズムを推進する地域スポーツコミッション

　「スポーツコミッション」とは、スポーツ大会やイベント、合宿の誘致、スポーツを通じた交流促進等による地域活性化と市外からの誘客を目指す官民一体型の専門組織である。地域におけるスポーツ振興、スポーツツーリズム推進のために、地方公共団体、民間企業（スポーツ産業、観光産業など）、各種団体等が連携・協働して取り組んでいる。

　スポーツコミッションの起源は、米国のインディアナ州で始まったとされてい

る。それによれば、1970 年代に自動車産業の衰退から産業基盤が沈下し、都市の荒廃と人口減少を招いた米国インディアナ州インディアナポリス市では、都市再生が緊急課題であったという。当時、この地で開催される有名なイベントといえば、「インディ 500 マイル」という自動車レースがあったが、その以外の地域資源が乏しかった。そこで、スポーツによる都市再生を目指し、1979 年に非営利民間組織として「インディアナ・スポーツ・コーポレーション」を全米で初めて発足させた。同組織は、スポーツ施設の建設、スポーツイベントの誘致、スポーツ大会の運営支援などを推し進め、地域再生に大きく貢献することができたという。この成功事例をもとに、全米の都市をはじめ、欧州にも波及し、多くの都市で「スポーツコミッション」が誕生していったとされている。

スポーツ庁では、スポーツによる地域・経済の活性化とは、「スポーツと、景観・環境・文化などの地域資源を掛け合わせ、戦略的に活用することで、まちづくりや地域活性化につなげる取組」とされており、その代表的な事例として、以下の3つを挙げている。

①スポーツへの参加や観戦を目的とした旅行や、スポーツと観光を組み合わせた取組である「スポーツツーリズム」
②域外から参加者を呼び込む「地域スポーツ大会・イベントの開催」や国内外の大規模な「スポーツ大会の誘致」
③プロチームや大学などの「スポーツ合宿・キャンプの誘致」

そして、これらの取り組みを推進する組織が「地域スポーツコミッション」であり、近年では、さまざまな自治体で、地方のマラソンや駅伝、トライアスロン、市民参加型スポーツイベント、各種プロリーグの発足に伴うプロチームの地域への誘致などが、積極的に展開されるようになった。

スポーツ庁は、2015 年度より、このような地域スポーツコミッションの活動を支援する事業を実施しており、同庁の調査によると、2018 年 10 月段階で全国に99 の地域スポーツコミッションの存在を確認している。また第 2 期スポーツ基本計画では、2021 年度末までに、全国の地域スポーツコミッションの設置数を 170 にまで拡大することを目標として掲げている。

スポーツ庁では、以下の 4 要件に合致した活動を行っている組織を、地域スポー

ツコミッション推進組織として位置づけている [4]。

- ・要件 1　常設の組織であり、年間を通じて活動を行っている。(時限の組織を除く)
- ・要件 2　スポーツツーリズムの推進、イベントの開催、大会や合宿・キャンプの誘致など、スポーツと地域資源を掛け合せたまちづくり・地域活性化を主要な活動の一つとしている。
- ・要件 3　地方自治体、スポーツ団体、民間企業(観光産業、スポーツ産業)等が一体となり組織を形成、または協働して活動を行っている。
- ・要件 4　特定の大会・イベントの開催及びその付帯事業に特化せず、スポーツによる地域活性化に向けた幅広い活動を行っている。

　わが国においては、1993 年にスタートした J リーグの設立を機会に、地域におけるスポーツを活用した地域振興を目指していたが、スポーツ全般を地域でマネジメントする組織は存在しなかった。そこで、2011 年に埼玉県さいたま市で日本初の「地域スポーツコミッション」が誕生した。これをきっかけに、国は 2015 年度より、スポーツによる地域活性化推進事業(スポーツによるまちづくり・地域活性化活動支援事業)を創設し、また各種表彰制度を設けて、「地域スポーツコミッション」の活動を支援した結果、全国各地で設立されるようになった。なお、同推進事業は、2015 年度 8 件、2016 年度 6 件、2017 年度 4 件、2018 年度は 8 件(表 2-3)を採択している [5]。

V　さいたまスポーツコミッションの活動

　一般社団法人さいたまスポーツコミッションは、スポーツイベントの誘致と開催支援を通じて観光や交流人口の拡大を図り、スポーツの振興と地域経済を活性化することを目的として組織された団体である。公益社団法人さいたま観光国際協会に属した非営利組織として、主に市の補助金で運営されている。活動戦略としては、サッカーを軸に、特定競技、スポーツ種別ごとのメッカづくり、ターゲットを明確にした誘致活動を軸に、市内の自然や都市環境を活かしたスポーツイベントの開催・定着を目指している。

表 2-3　2018 年度スポーツによるまちづくり・地域活性化活動支援事業

都道府県 市区町村	団体名・主な参画団体	事業内容
北海道 釧路町	釧路町スポーツでまち を元気に推進委員会	(1) 合宿等誘致事業 ・女子バドミントンの登竜門とも言われる「クイーンズ・サーキット」の開催を道東の冷涼な気候を売りに誘致 (2) ジュニア交流事業 ・釧路町出身の本川選手が所属するシャンソン化粧品女子バスケットボール部のユースチームを釧路町に招待し、町内中学生とスポーツを中心とした交流を企画
北海道 札幌市	さっぽろグローバルス ポーツコミッション	インバウンド・サイクルツーリズム促進事業 ・サイクルツーリズム関連団体などと連携したコースの設定、プロモーション動画の作成、情報発信、台湾等の自転車の盛んな地域へのプロモーションの実施
岩手県	いわてスポーツコミッ ション	(1) スポーツアクティビティの創出 ・岩手の豊かな自然を生かしたスポーツアクティビティの創出可能性調査を実施 ・市町村等と連携し、有識者による調査を行い、県内 4 地域に1ヵ所の先導モデルを創出 (2) スポーツ合宿・大会等の誘致支援 ・マネジメント等人材の養成研修会実施、合宿相談会の開催、スポーツ総合展示会等で本県のスポーツ資源を情報発信 ・首都圏等の大学・企業チーム、国内外からのスポーツを目的とした旅行客をターゲットに誘致
群馬県 前橋市	前橋スポーツコミッ ション	(1) 赤城山スローシティ・サイクルスタンプラリー ・サイクルオアシスや観光施設、歴史文化遺産等を循環する仕組みを構築（電子式スタンプラリー、参加賞等）するとともに、地域の食文化や体験型観光を PR し、長期循環型の地域活性化施策を実施 (2) 赤城山まるごとグルメライド ・スローシティ・サイクルスタンプラリーと連動し、地域の食文化を堪能する「フラッグシップイベント」を実施
栃木県 矢板市	矢板スポーツコミッ ション	(1) トレイルランテスト大会の実施 ・県民の森や八方ヶ原エリアを活用したトレイルランニングのテスト大会を実施 (2) プロモーション素材の作成 ・るるぶ特集ページと抜粋版、とちぎ旅ネット特集ページの作成
広島県 北広島町	一般財団法人どんぐり 財団	(1) 障がい者スポーツの拠点形成〜アンプティサッカーの里づくり事業 ・町内シンポジウムの開催、関係者の派遣／著名人や大学等の協力を得て、全国的なシンポジウムを開催／障がい者と地元住民を含めたスポーツ大会の開催 (2) 地域密着型ソフトテニスクラブを活用した障がい者ソフトテニス体験教室交流事業 ・地域密着型ソフトテニスクラブを活用し、障害スポーツの振興を図り、ソフトテニス人口の裾野を広げる

都道府県市区町村	団体名・主な参画団体	事業内容
徳島県	自転車利用促進協議会	自転車王国とくしまサイクルツーリズムプロジェクト ・県内を 4 ブロックに分け SNS 発信を意識したスポット等の観光資源、ラフティング体験や座禅体験等の他のアクティビティを取り入れたサイクリングコースを設定し、これら施設等の情報やコースの勾配情報、サイクリストに優しい宿情報を盛りこんだマップ作成 ・TOKUSHIMA サイクルフェスタ開催による県内及び近隣県のサイクリストへ PR ／大規模サイクルフェスティバルやツーリズムエキスポ等で全国のサイクリスト等へ向けた PR
宮崎県	スポーツランドみやざき推進協議会	(1) スポーツ合宿・キャンプ誘致強化事業 ・複数市町村による合同誘致セールスを実施 ・学生サークル等を対象に誘致セミナーを実施 ・スポーツ合宿・キャンプガイドブック等の作成 (2) スポーツインバウンド誘客事業 ・台湾からのサーフィン誘客 ・韓国からのパークゴルフ誘客

（出所）スポーツ庁ホームページ「スポーツによる地域・経済の活性化」

表 2-4　2017 年度「さいたまスポーツコミッション」に係る年間経済効果

事業種別及び事業名	開催件数	参加者数（推計を含む）	経済効果（推計）
誘致・支援スポーツイベント	39 件	114,494 人	3,614,112,534 円
共催事業 2017 ツール・ド・フランスさいたまクリテリム	1 件	106,000 人 （推計来場者数）	3,088,000,000 円
主催事業 第 6 回さいたまマーチ 〜見沼ツーデーウォーク〜	1 件	6,867 人	98,568,918 円
合　計	41 件	227,361 人	6,800,681,452 円

（出所）「さいたまスポーツコミッション」ホームページ「統計資料」

　そもそもさいたま市には、埼玉スーパーアリーナ、埼玉スタジアム 2002 公園、NACK5 スタジアム大宮、駒場運動公園など、大規模なスポーツ施設が多数あり、収容人数が 1 万人を超える施設が 6 施設もある。そこで、これらの施設を活用して、開催会場の確保や調整、開催にあたっての財政の支援、行政機関との調整や関連企業の斡旋、広報や PR、軽食・販売コーナーの設置、看護師等運営スタッフの派遣など、多様な支援メニューを準備して多くのスポーツイベントを誘致している。

このような活動の結果、2017 年度の「さいたまスポーツコミッション」のスポーツイベント開催に伴う年間経済効果は、約 68 億円と推計している（表 2-4）[6]。

また、「さいたまスポーツコミッション」が設立された 2011 年度から 2017 年度までに誘致・支援したスポーツイベントの経済効果の推計総額は約 359 億 6,765 万円にものぼり、さいたま市におけるスポーツを活用した取り組みが、同地域経済に及ぼす効果はきわめて大きい。

【注記】

(注 1) 鹿行地域とは、鹿島アントラーズのホームタウンである鹿嶋市、潮来市、神栖市、行方市、鉾田市の 5 つの市の地域のことであり、旧鹿嶋郡の「鹿」と旧行方郡の「行」をとって鹿行「ろっこう」と呼ばれている。

(注 2) 2003 年 9 月 1 日、全国で初めて株式会社化した観光協会である。資本金は、2,000 万円（町民 50％ = 120 件 200 株、町 50％ = 200 株）、事務局は道の駅ニセコビュープラザ内にある。

【引用文献】

[1] 英国調査会社 Technavio 社　ウェブサイト「Global Sports Tourism Market 2019-2023」
https://www.technavio.com/report/global-sports-tourism-market-industry-analysis

[2] スポーツツーリズム推進連絡会議「スポーツツーリズム推進基本方針」2011 年 6 月、pp.3-5.

[3] アントラーズホームタウン DMO　ウェブサイト
https://www.antlers-dmo.com/

[4] スポーツ庁「地域におけるスポーツ振興の取組について」2017 年 12 月

[5] スポーツ庁　ウェブサイト「スポーツによる地域・経済の活性化」
http://www.mext.go.jp/sports/b_menu/sports/mcatetop09/list/detail/1372561.htm

[6] さいたまスポーツコミッション　ウェブサイト
http://saitamasc.jp/

【参考文献】

・ビジネス + IT　ウェブサイト「『スポーツツーリズム』とは何か？」
https://www.sbbit.jp/article/cont1/35960

・スポーツツーリズム推進連絡会議「スポーツツーリズム推進基本方針」2011 年 6 月
一般社団法人スポーツツーリズム推進機構　ウェブサイト
http://sporttourism.or.jp/

・文部科学省・スポーツ庁「スポーツ基本計画（第 2 期）」2017 年 3 月 24 日

・新潟経済社会リサーチセンター　ウェブサイト
　http://blog.rcn.or.jp/sporttourism/
・TABIDO（旅道）ウェブサイト「インバウンドを活性化するスポーツツーリズム」
　https://biz.tabido.jp/contents/000104/index.html

第3章 スポーツツーリズムの先進事例に学ぶ
―沖縄県の取り組みに着目して―

　現在、スポーツツーリズムを積極的に実施している地域が急増している。その中でも、沖縄県はいちはやくスポーツツーリズムを実践するなど、その成功事例として注目されている。

　そこで本章では、プロ野球キャンプ誘致をはじめ、「スポーツアイランド」をキャッチフレーズにスポーツツーリズムを積極的に展開している沖縄県の先進事例に着目し、わが国における今後のスポーツツーリズムのあり方について学ぶ。

I　沖縄県における観光産業の現状

　沖縄県の観光産業は、同県が本土に復帰した1972年以降、概ね順調に推移していた。しかし、2001年9月に起こった米国同時多発テロ事件の影響により観光客が減少し、沖縄県の社会経済に多大な影響を及ぼした。そこで、沖縄県は翌年「沖縄県観光振興基本計画」を作成し、その後2008年のリーマンショック、2011年3月に発生した東日本大震災と福島原発事故の影響により一時的に減少がみられたが、2012年度以降観光客数も順調に増加し、2018年には984万2,400人、観光収入は7,334億7,700万円と過去最高を記録した（図3-1）。

II　沖縄県における観光振興の取り組み

　沖縄県における観光振興は、沖縄振興特別措置法第6条「沖縄県知事は、国内外からの観光旅客の来訪の促進に資する高い国際競争力を有する観光地の形成を図るための計画を定めることができる」に基づいて行われている。

　そこで沖縄県は、長期計画である「沖縄21世紀ビジョン基本計画」「沖縄県観光振興基本計画」及び中長期の取り組みを示した「沖縄観光推進ロードマップ」を踏まえ、2007年度より単年度ごとの数値目標とその達成に向けた主な施策展開を

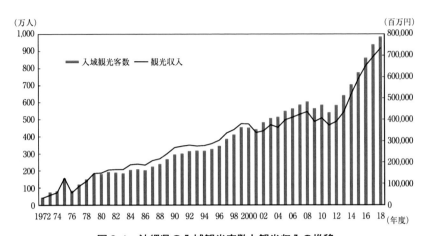

図 3-1　沖縄県の入域観光客数と観光収入の推移

（出所）沖縄県文化観光スポーツ部観光政策課「平成 30 年度観光統計実態調査報告書」（2019 年 9 月）を参考に筆者が作成

表 3-1　2018 年度「ビジットおきなわ計画」の戦略概要

数値目標	入域観光客数：1,000 万人 （うち国内観光客：700 万人、外国人観光客：300 万人） 観光収入：7,991 億円 （国内観光客：5,460 億円、空路外国人観光客：2,171 億円、海路外国人観光客：360 億円） 観光客 1 人当たり県内消費額：80,000 円 （国内観光客：78,000 円、空路外国人観光客：118,000 円、海路外国人観光客：31,000 円）
誘客戦略の施策	・国内外におけるブランド戦略の展開 ・既存需要の拡大及び確保 ・新規需要の確保 ・「国際旅客ハブ」の推進・東アジアのクルーズ拠点の形成
受入戦略の施策	・観光人材の育成・拡充 ・観光 2 次交通機能の利便性向上 ・宿泊機能等の拡充 ・大型 MICE 施設の整備と受入体制の構築 ・観光体験等の拡充 ・持続可能な観光リゾート地の形成

（出所）沖縄県文化観光スポーツ部「ビジットおきなわ計画」を参考に筆者が作成

盛り込んだ具体的な行動計画「ビジットおきなわ計画」を毎年作成している（表 3-1）。ちなみに、2018 年度の同計画の数値目標としては、入域観光客数を 1,000 万人（うち国内観光客：700 万人、外国人観光客 300 万人）、観光収入を 7,991 億円、観

光客 1 人当たりの県内消費額を 80,000 円と設定した。実際 2018 年の入域観光客
数は、984 万 2,400 人（うち国内観光客 693 万 8,600 人、外国人観光客 290 万 3,800 人）、
観光客 1 人当たりの県内消費額は 73,355 円となり、結果としては、当初設定した
目標値には到達することができなかったが、その目標値に近い数字を達成した。

　また同計画では、1 年間で重点的に取り組むマーケットや目標を定め、それを達
成するための施策展開の方針等を明確に提示している。そして沖縄県は、これらの
目標を達成するため、2018 年度沖縄県全体の当初予算額約 7,310 億 4,800 万円のう
ち、沖縄県観光関連当初予算として、約 51 億 7,000 万円を計上し、①観光客の誘
致促進を図るために必要な経費として約 28 億 7,500 万円、②観光客の受入体制の
整備等に関する経費として約 13 億 2,100 万円、③観光統計・調査、計画策定、関
係機関との連絡等に要する経費として約 2 億 1,400 万円、④その他コンベンション
振興対策費等として約 7 億 5,900 万円を計上した。

Ⅲ　なぜ沖縄観光にスポーツツーリズムが必要なのか

　なぜ沖縄観光にスポーツツーリズムが必要なのか。それを明らかにするには、ま
ず沖縄観光の特徴について詳しく分析する必要である。沖縄観光にはいくつかの特
徴が見られるが、その顕著なものとして次の 4 つの特徴があげられる。

　第 1 の特徴は、繁忙期（ピーク）と閑散期（オフ）で大きな差があることである。
沖縄県の「観光統計実態調査」でも明らかなように沖縄観光の繁忙期は、3 月と 8
月であり、その一方、5 月、6 月と 11 月～ 2 月は閑散期となっている。こうした
傾向は、沖縄県に限ったことではないが、特に通年型の観光を目指している沖縄に
とっては、この閑散期にいかにして観光客を誘致するかが課題となっている。そこ
で、この閑散期における観光客の確保という点で一定の成果をあげているのが、修
学旅行による入込客である。

　第 2 の特徴は、再訪者率が非常に高いということである。図 3-2 で示したとお
り、沖縄観光における再訪者率は年々増加してきており、2017 年には過去最高の
86.6 ％と高い再訪者率となっていることから、沖縄観光はこうした再訪者の存在で
支えられているといっても過言ではない。他地域の観光においては、再訪者率いわ
ゆるリピーター率をいかにして高めるかということが重要課題となっているが、す
でに約 80 ％以上の再訪者率となっている沖縄観光では、この高い再訪者率をどの

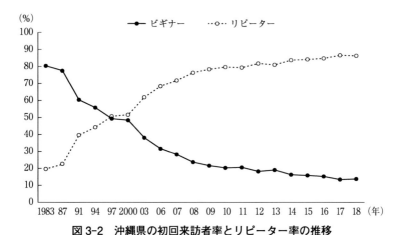

図 3-2　沖縄県の初回来訪者率とリピーター率の推移

（出所）沖縄県文化観光スポーツ部観光政策課「平成 30 年度観光統計実態調査について」2019 年 7 月

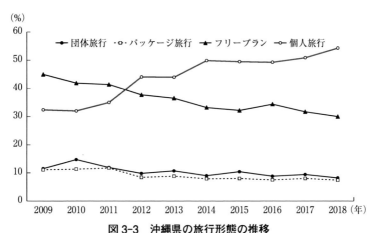

図 3-3　沖縄県の旅行形態の推移

（出所）沖縄県文化観光スポーツ部「平成 30 年度観光統計実態調査について」2019 年 7 月

ようにして維持していくかが重要な課題となる。

　第 3 の特徴は、「個人旅行」による旅行形態の割合が増加していることである。特に添乗員付き等のスケジュールが決まった「団体旅行」や「パッケージ旅行」は年々減少傾向にあり、これに対して自由にスケジュールが組める「個人旅行」の割合が増加し、近年 50 ％以上を占めるようになってきている（図 3-3）。このことは、

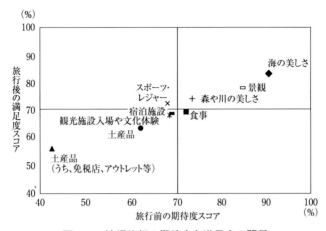

図 3-4　沖縄旅行の期待度と満足度の関係

（出所）沖縄県文化観光スポーツ部観光政策課「平成30年度観光統計実態
調査について」2019年7月

初回に団体旅行もしくは観光付きパッケージ旅行で訪れた旅行者は、再訪の際には
旅行者自身が旅行目的やスケジュールを計画できる自由度の高い旅行形態を選択し
ていることが推察できる。

　第4の特徴は、「スポーツ・レジャー」を中心とした観光目的が増加してきてお
り、沖縄観光の形態はリゾート型観光へと変化してきている。

　2018年度観光統計実態調査の沖縄旅行の期待度と満足度の関係をみてみると
「海の美しさ」や「景観」「森や川の美しさ」については、あいかわらず期待度ス
コア・満足度スコアとも高い数値を示している。これに対して、「食事」について
は、期待度スコアに比べて、満足度スコアがやや低く、また「お土産」について
は、期待度スコア・満足度スコアとも低い数値となっている（図3-4）。沖縄旅行の
「旅行全体」の満足度については、「大変満足」「やや満足」が97.5％であり、項目
別の「大変満足」でみると、「海の美しさ」（71.7％）、次いで「景観」（61.3％）「ス
ポーツ・レジャー」（53.4％）の順であった。また来訪者の旅行目的上位10項目で
は、いわゆるスポーツ・レジャー分野とされる「海水浴・マリンレジャー」が3位
（13.3％）、「ダイビング」が6位（4.5％）、「ゴルフ」は9位（2.5％）となっている。
したがって、近年の沖縄観光に対する観光客のニーズは、こうしたスポーツ・レ
ジャーの分野が重要視されるようになってきており、さらにその満足度が高く評価

表3-2　スポーツツーリズム戦略推進事業（スポーツイベント支援事業）

事業名	開催場所
【新規事業支援枠】 ・「ビーチサッカー沖縄カップ」イベント事業 ・沖縄 GOLF CAMP School Battle 2019	西原きらきらビーチ 県内各ゴルフ場
【定着化枠】 ・ストリートワークアウト普及および競技者育成事業 　「WSWCF 公式第 2 回ストリートワークアウト日本大会 in 沖縄」 ・第 3 回沖縄 100K ウルトラマラソン	沖縄こどもの国（沖縄市） 与那古浜公園

（出所）沖縄県文化観光スポーツ部「平成 30 年度スポーツツーリズム戦略推進事業（スポーツイベント支援事業）」

されていることから、今後はこの分野における観光施策の強化が必要とされているのである。

　こうした沖縄県観光の特徴を受けて、沖縄県は新たな施策として、とりわけスポーツを活用することによって観光を推進・活性化させるため「スポーツツーリズム」を積極的に展開するようになったのである。そして、それを実現するために、2010 年 6 月「スポーツツーリズム沖縄実行委員会」を発足させ、また沖縄県は 2011 年 4 月「文化観光スポーツ部」を新設する組織改編を行った。この沖縄県の組織再編は、従来の文化環境部と観光商工部を再編し、「文化観光スポーツ部」を新設したものであるが、その組織再編の理由には、沖縄の伝統や文化のほかに、県内で開催されるスポーツイベントなどを観光と結びつけ、より効果的な施策展開を図る狙いとして行われたものである。

　そして沖縄県は、新たな沖縄振興策に結びつけるものとして、観光庁の支援を受け、「スポーツツーリズム戦略推進事業」を積極的に実施してきた。この事業は、スポーツを核に民間が主体的に取り組むイベントや旅行メニューの開発、プロモーション等のプロジェクトについて企画提案を公募し、採択された企画提案をモデル事業として実施するものであり、2018 年度は新規事業支援枠として 2 事業、定着化枠として 2 事業を採択して実施している（表3-2）。

　以上のように沖縄県は、スポーツツーリズム推進に向けた事業を積極的に展開しているが、同県がスポーツツーリズムを展開する意義と理由を、以下の 5 つに整理している [1]。

　第 1 の理由は、スポーツツーリズムを展開することによって、繁忙期と閑散期の格差を縮小させ、雇用創出効果が期待できるからである。現在沖縄の観光は、繁忙

期（3月、8月）と閑散期（5月、6月、11月～2月）における来訪者数に差が生じていることは先に述べたとおりである。この傾向は、沖縄に限ったことではないが、特に沖縄の場合は失業率が全国一高く、また観光産業による収入の割合も大きいことから、繁忙期と閑散期の格差を縮小することが雇用創出の面において重要な課題となる。なぜなら、繁忙期と閑散期の格差が大きい場合は、通年雇用を前提とした労働力の確保が難しいため、雇用の創出効果が期待できないからである。そこで、閑散期においても沖縄来訪のインセンティブが働くとされるスポーツツーリズムは、一年を通して安定的に観光客を集客することができ、その結果通年雇用の創出効果が期待できる。

　第2の理由は、新たな専門性を持った観光産業の人材創出が期待できるからである。スポーツツーリズムを展開することによって、国内外から多数のスポーツ選手やスポーツ観戦者が沖縄を訪れることになる。一般の来訪者と同様、来訪者の満足度を高めることはいうまでもないが、特にスポーツを目的にした来訪者の満足度を高めるためには、単にスポーツ施設・設備の整備や向上といったハード面だけでなく、ソフトの面においても充実させる必要がある。いいかえれば、スポーツ選手が満足できる施設・設備はもちろんのこと、例えば、それらの施設を整備できる専門性を持った人材が必要となる。スポーツツーリズムには、こうした新たな専門性を持った観光産業の人材創出効果が期待できる。

　第3の理由は、スポーツが持つ周期性による集客効果、それによる経済効果が期待できるからである。スポーツイベントを周期的に実施することによって、そのスポーツイベントに毎年訪れる来訪者を増やすことが期待できる。また、閑散期にスポーツイベントを実施することで、繁忙期と閑散期の差を埋めることが可能となり、スポーツが持つ周期性による集客効果が十分期待できる。

　例えば、毎年2月に実施されるプロ野球キャンプでは、プロ野球選手、球団スタッフといった参加型スポーツツーリストだけにとどまらず、報道関係者、キャンプを見学する一般観光客が見込まれ、これにより雇用創出効果を含む継続した経済効果が期待できる。

　第4の理由は、国内のみならず、海外からの観光客増につながる効果が期待できるからである。現在、プロ野球をはじめとした多くのスポーツチームは、温暖な気候を求めて、閑散期である冬季に沖縄でキャンプを実施している。その中には、国内以外のスポーツチームも多数訪れており、例えば韓国のプロ野球チームは、同時

期に日本のプロ野球チームがキャンプを実施していることからシーズン前に日本の
プロ野球チームとの交流戦できるなどの理由により、沖縄でキャンプを実施する
チームが増加してきている。そして、この交流戦を目当てに訪れる国内観光客の増
加のみならず、また海外からの観戦者も増加してきている。こうした海外チームの
キャンプ誘致は、海外のメディアによって沖縄が紹介され、沖縄の認知度が向上す
ることによって海外からの観光客増につながる副次的な効果が期待できる。

　第5の理由は、スポーツ先進県としてのイメージの定着と向上を通じた沖縄観光
を展開することができるからである。現在、沖縄は「スポーツアイランド沖縄」と
称して、スポーツ先進県ということをアピールしている。具体的には、県内各地で
実施されているマラソン大会、県内豊かな自然環境に囲まれた中を疾走するサイク
ルスポーツ、世界の空手の発祥地である沖縄空手、世界を舞台に活躍しているプロ
ゴルファーなどの資源を活かした情報発信をそれぞれのスポーツイベントの開催と
セットとして展開している。こうしたスポーツ先進県としてのイメージの定着と向
上を通じて、沖縄への新たな来訪のきっかけづくりに結びつけることが期待でき
る。

　以上のような理由から、沖縄県ではスポーツツーリズムを積極的に展開していく
ことが、沖縄観光の発展にとって有効な施策となっている。

Ⅳ　沖縄県のスポーツコンベンション誘致戦略

　先述したように沖縄県では、2010年度よりスポーツツーリズム推進事業をスター
トさせており、様々なスポーツに対するモデル事業の支援を積極的に行ってきた。
しかし、それらの事業を実現するには、施設の確保や受入体制の整備などの課題が
出てきた。そこで、それらの課題解決やさらなる発展に向けて、2013年3月に「ス
ポーツアイランド事務局（仮称）基本計画」を作成し、その後2015年4月に「ス
ポーツコミッション沖縄」をスタートさせた。

　同組織の主な目的は、沖縄のさらなるスポーツコンベンションの拡大発展を目指
すため、競技スポーツ・生涯スポーツ・スポーツコンベンションの一体的推進に向
けて、競技団体との連携の下でスポーツコンベンションの誘致・受入を推進するこ
とである。具体的な役割としては、①スポーツコンベンション受入（コーディネー
ト業務）、②関係機関との連携体制構築、③マーケティング、④情報発信、⑤スポー

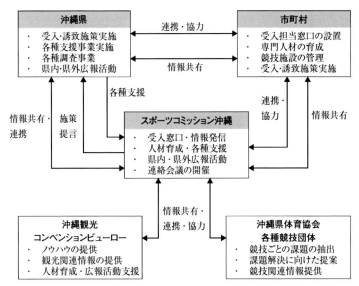

図 3-5　沖縄県のスポーツコンベンション推進組織体制
（出所）沖縄県「沖縄県スポーツコンベンション誘致戦略」2015 年 3 月

ツコンベンション実施の気運醸成、⑥誘致活動など、沖縄県ではスポーツコンベンションを推進する組織体制が整備されている（図 3-5）[2]。

　こうした地道な活動の結果、2017 年度沖縄県のスポーツコミッションの開催実績の件数は 631 件（キャンプ合宿・自主トレ 407 件、大会 142 件、イベント 82 件）、参加者数は 17 万 8,254 人（県内参加者数 10 万 4,473 人、県外・海外参加者数 7 万 1,495 人、発地不明参加者数 2,286 人）であったと報告をしている。

　開催実績で最も多く実施されたキャンプ合宿・自主トレ実施件数では、陸上競技（182 件・44.7%）、野球（107 件・26.3%）の 2 種目で全体の約 7 割を占めている。また、1 件当たりの参加人数では、野球が 51.8 人 /1 件、次にサッカーの 41.7 人 /1 件である。実施件数が最も多かった陸上競技は 15.9 人 /1 件と 1 件当たりの実施規模は主要種目の中で最も小さいものとなっている。

　団体別キャンプ合宿実施状況の件数では、大学生（124 件・30.5%）、社会人（109 件・26.7%）と上位 2 団体で約 50% 弱を占めている。また、団体別の参加者数では、プロの開催件数（67 件）に対する 1 件当たりの参加者数は 41.1 人 /1 件、次いで大

学生の開催件数（124件）に対する1件当たりの参加者数は 38.0人/1件となっている。

　キャンプ合宿の開催会場を市町村別でみると、沖縄市（80件）で最も多く、次いで国頭村（47件）、読谷村（31件）、石垣島（25件）、名護市（24件）、那覇市（15件）、糸満市（13件）、西原町（13件）、嘉手納町（13件）の順となっており、各自治体での取り組み成果が数字に表れている。

　また、キャンプ合宿の平均滞在日数は、10.9日となっており、最も滞在日数が長かったのは野球（14.5日）、次いでソフトボール（11.9日）であった。

　キャンプ合宿の開催月別でみると、温暖な気候が強みとなる冬場の開催が大部分を占めており、総件数の 407件のうち、3月が 138件（33.9%）と最も多く、1月〜3月の3か月間で 329件（80.8%）を占めている。

V　沖縄県のスポーツツーリズムの先進事例に学ぶ

　スポーツツーリズムには、様々なタイプがあるが、沖縄観光におけるスポーツツーリズムにあてはめてみると、主に「キャンプ・合宿型」「イベント開催型」のスポーツツーリズムを中心に展開してきているといえる。その代表的なものとして、キャンプ・合宿型では「プロ野球春季キャンプ誘致」「沖縄サッカーキャンプ誘致」、イベント開催型では「NAHA マラソン」などがあげられ、いずれも沖縄観光におけるスポーツツーリズムの成功例とされている。

1　沖縄県が実践する「キャンプ・合宿型」スポーツツーリズム

　キャンプ・合宿型スポーツツーリズムとしての「プロ野球春季キャンプ誘致」は、1975年に開催された海洋博覧会後の入域観光客数の落ち込みに対処するため、1976年から日本ハム球団の協力を得て取り組んできたとされている。それ以降、沖縄県は冬季の観光振興策としてこのプロ野球キャンプを、当時の沖縄県観光連盟（現沖縄観光コンベンションビューロー）が中心となって誘致活動を行ってきており、今日に至っている。

　沖縄でのプロ野球キャンプ誘致の魅力としては、①2月の平均気温が約17度（那覇市の平年値）と本土の他地域と比較して温暖であること、②時差惚けがないこと、③移動が容易であり、経費面でも安価であること、④室内練習場をはじめとした練

球団名 （略称）	キャンプ 地	開催球場	キャンプ期間		
			2月	3月	日程
北海道日本ハム ファイターズ （日本ハム）　（2軍）	名護市 国頭村 国頭村	あけみお SKY ドーム かいぎんスタジアム国頭 かいぎんスタジアム国頭	→		2/15 ～ 2/26 2/1 ～ 2/23
広島東洋カープ （広島）	沖縄市	コザしんきんスタジアム	→		2/15 ～ 2/26
中日ドラゴンズ （中日）　（2軍）	北谷町 読谷村	北谷公園野球場 読谷平和の森球場	→		2/1 ～ 2/27 2/1 ～ 2/28
横浜 DeNA ベイスターズ （DeNA）　（2軍）	宜野湾市 嘉手納町	アトムホームスタジアム 宜野湾 嘉手納町野球場	→		2/1 ～ 2/27 2/1 ～ 2/26
東京ヤクルト スワローズ （ヤクルト）	浦添市	浦添市民球場	→		2/1 ～ 2/26
阪神タイガース （阪神）	宜野座村	かりゆしホテルズボール パーク宜野座	→		2/1 ～ 2/27
東北楽天ゴールデン イーグルス （楽天）　（2軍）	久米島町 金武町 久米島町	久米島野球場 金武町ベースボールスタ ジアム 仲里野球場	→		久米島町 2/1 ～ 2/9 金武町 2/11 ～ 2/21 2/1 ～ 2/18
千葉ロッテ マリーンズ （ロッテ）　（2軍）	石垣市 〃	石垣市中央運動公園野球 場 〃	→		2/1 ～ 2/11 2/1 ～ 2/21
読売ジャイアンツ （巨人）　（3軍）	那覇市 〃	沖縄セルラースタジアム 那覇 〃	→		2/13 ～ 2/28 2/1 ～ 2/11

資料 3-1　2019 年沖縄県内における日本プロ野球春季キャンプの実施状況
（注）球団は沖縄県でのキャンプを始めた年の順で掲載
（出所）りゅうぎん総合研究所「りゅうぎん調査」No. 600

習施設が整備されていること、⑤多数の球団がキャンプをしていることにより、練習試合を組みやすいことなどがあげられる。

　このような魅力を全面的に打ち出すことによって、近年沖縄でキャンプを実施するチームが増え、2019 年のプロ野球沖縄キャンプでは、国内 9 球団（資料 3-1）、韓国 7 球団の計 16 球団を誘致した。キャンプに参加するプロ野球選手、球団スタッフはもとより、こうした人気球団のキャンプ地には、目当ての選手をひと目見ようとする観光客や観客が多数訪れ、沖縄県にもたらす宿泊・飲食をはじめ、関連施設の整備等による経済波及効果は大きなものとなっている（図 3-6）。毎年プロ野

資料3-2　読売ジャイアンツキャンプ地（沖縄セルラースタジアム那覇）

資料3-3　キャンプ地でサインを求める野球ファン

球春季キャンプの経済効果に関する調査レポートを発表しているりゅうぎん総合研究所（琉球銀行傘下のシンクタンク）によると、2019年の経済効果は141億3,100万円で過去最高額であったと発表している [3]。

　前述のとおり、沖縄で実施されているプロ野球春季キャンプの誘致は、最も成功しているスポーツツーリズムの事例といえる。そこで、沖縄県はこのプロ野球キャンプでの成功モデルを参考に、他のスポーツへの展開を模索し、2011年にスポーツツーリズムモデル事業「サッカーキャンプ誘致と冬季サッカーリーグの開催」を実施した。同モデル事業では、J1のサンフレッチェ広島、J2のジェフユナイテッ

図3-6　プロ野球春季キャンプの経済効果と観客数の推移

（注）（　）内は沖縄県内でキャンプを実施する国内プロ野球の球団数
（出所）りゅうぎん総合研究所「りゅうぎん調査」№600

資料3-4　整備された読谷村陸上競技場

ド市原・千葉、ファジアーノ岡山、横浜FCの4チームと中国のプロサッカーチーム大連実徳の合宿誘致をした。さらに、2012年には、J1のガンバ大阪、サンフレッチェ広島、FC東京、サガン鳥栖、J2のジェフユナイテッド市原・千葉のほか、韓国の水原三星、済州ユナイテッド、中国の深圳紅のプロサッカー8チームと大学サッカーの慶應義塾大学体育会サッカー部の計9チームをキャンプ誘致した。

　しかし、順調に進んでいたかのように思われたサッカーキャンプの誘致について
は、Jリーグのようなクラブが本格的にサッカーキャンプを実施するには、グラウ
ンドの芝の質の悪さなど、ハード面が大きなネックとなっていた。そこで、沖縄県
は「芝人（しばんちゅ）養成事業」[注1] を進めるなど、グラウンド整備の専門家を育
成し、質の高いサッカーグラウンド整備に取り組んだ結果、近年サッカー合宿を実
施するチームが急増した。

　実際2018年1月から3月の間に沖縄県内でサッカーキャンプを実施したクラ
ブ・団体は、Jリーグが17チーム（J1：11チーム、J2：6チーム）、その他海外のク
ラブチームや社会人・大学など7チームをあわせて計24チームとなった。その結
果、おきぎん経済研究所（沖縄銀行傘下のシンクタンク）によると20億4,700万円の
経済波及効果があったと発表している[4]。

2　沖縄県が実践する「イベント型」スポーツツーリズム

　イベント型スポーツツーリズムとしての「NAHAマラソン」は、那覇市とハワ
イ州ホノルル市の姉妹都市締結25周年を記念した「太陽と海とジョガーの祭典」
をきっかけに、1985年から開催されている市民マラソン大会である。このマラソ
ン大会の趣旨は、「平和を祈念し、マラソンランナーの底辺拡大および市民の体
育・スポーツ意識の高揚と健康増進をはかり、あわせて冬場の観光客増大と国際親
善交流の促進に寄与する」としている。そしてこのマラソン大会は、閑散期の観光
客増による経済効果、沖縄県をPRする効果の面においても沖縄を代表するスポー
ツイベントとして位置づけられている。大会規模は、東京マラソン、大阪マラソン
に次ぐ今や国内を代表するスポーツイベントとなっている。毎年12月に行われる
この大会には、国内外を問わず2万人から3万人のマラソンランナーが参加してい
る（図3-7）。

　2009年に行われた第25回NAHAマラソン大会の参加者数は、3万81人と大
会史上最高を記録し、そのうち1万1,672人が県外からの参加者であったことか
ら沖縄観光と沖縄経済に大きく貢献をしている。りゅうぎん総合研究所によると、
2016年に開催された第32回大会の経済波及効果は、約19億7,800万円であった
としている[5]。第1回大会の参加者数は、わずか4,503人であった同大会ではある
が、沖縄県のマラソン人口を短期間に増加させるといった効果をあげているなど、
人気があるマラソン大会へと成長した。

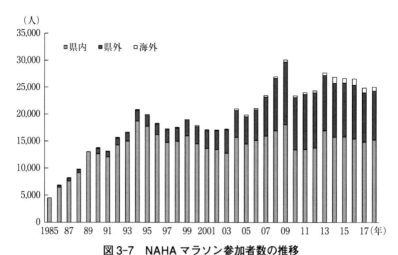

図 3-7　NAHA マラソン参加者数の推移

（注）1985 年、1989 年の県外・海外からの参加者数は不明
（出所）NAHA マラソンホームページ「大会履歴」を参考に筆者が作成

資料 3-5　完走者に渡されるメダル

　また、「NAHA マラソン」と並んで、イベント型の成功事例として「ツール・ド・おきなわ」があげられる。同イベントは、特定非営利活動法人ツール・ド・おきなわ協会によって、1989 年から開催されている自転車ロードレース大会であるが、単にレースだけでなく、様々なイベントを組み合わせて実施をしている。レースは、それぞれのグレードで実施されており、最上級クラスの「男子チャンピオン

資料 3-6　ツール・ド・おきなわのレース
（出所）ツール・ド・おきなわ公式ホームページ

ロードレース」では、UCI（国際自転車競技連合）のアジアツアークラス 1.2 にランクされる国内最長のロードレースとなっている。同レースには、海外招待選手や国内の強豪選手が参加し、白熱したチームレースがやんばる（沖縄県北部地域）で繰り広げられる国際大会である。

　また、その他にも市民レース部門として各種ロードレース（10km 〜 210km）が、またサイクリング部門として沖縄本島一周サイクリング 323km なども開催されている。なお、市民レース部門最長の 210km クラスは「ホビーレーサーの甲子園」とも称され、全国から強豪市民レーサーが集まる非常に厳しいレースとしても知られている。第 1 回大会の 1,400 人から始まった同イベントの参加者数は、最近では 5,000 人規模にもなり、また回を重ねるごとに北部 12 市町村の連帯が培われるなど、「ツール・ド・おきなわ大会」の事業効果は、多方面にわたる波及効果を生みだしているという。

　以上のように、沖縄県がこれまで積極的に取り組んできた「キャンプ・合宿型」「イベント開催型」のスポーツツーリズムは、沖縄観光を支えるものとして一定の成果をあげているといえる。例えば、沖縄におけるスポーツツーリズムのさきがけとなった「プロ野球春季キャンプ誘致」、「NAHA マラソン」、「ツール・ド・おき

なわ」、さらに「沖縄サッカーキャンプ誘致」は、単に短期的な経済効果を期待した観光振興にとどまらず、野球、マラソン、自転車、サッカーといったスポーツ文化を沖縄に根づかせ、沖縄県におけるスポーツ振興と地域振興へつながる効果をもたらしている。

　このような沖縄県の戦略的な取り組みは、スポーツ先進県「スポーツアイランド沖縄」といったブランドの認知度を高めるとともに、他地域においてもスポーツツーリズム推進の先進事例として大変参考になるものといえよう。

【注記】
(注1) サッカーキャンプの誘致を図るため、国立競技場などの芝生管理を手掛ける東洋メンテナンスが、芝生の管理ノウハウや知識の習得などを目的として行う養成事業のこと。

【引用文献】
[1] 沖縄県「平成22年度スポーツツーリズム推進事業（戦略構築等業務）報告書」2011年3月、pp.57-58.
[2] スポーツコミッション沖縄ホームページ
　　http://www.sports-commission.okinawa/about
[3] りゅうぎん総合研究所「りゅうぎん調査」№600、2019年10月、pp.20-25.
[4] おきぎん経済研究所「おきぎん調査月報」№526、2018年7月、pp.10-17.
[5] りゅうぎん総合研究所「りゅうぎん調査」№574、2017年8月、pp.24-28.

【参考文献】
・沖縄県「沖縄県観光振興計画」2002年8月
・沖縄県文化観光スポーツ部観光政策課「平成30年度観光統計実態調査報告書」2019年9月
・沖縄県「沖縄21世紀ビジョン基本計画」2012年5月
・沖縄県文化観光スポーツ部「平成30年度ビジットおきなわ計画」2018年7月
・沖縄県文化観光スポーツ部観光政策課「平成30年度観光統計実態調査について」2019年7月
・沖縄県文化観光スポーツ部「平成30年度スポーツツーリズム戦略推進事業（スポーツイベント支援事業）」
　　https://www.pref.okinawa.jp/site/bunka-sports/sports/30sports-event.html
・沖縄県「沖縄県スポーツコンベンション誘致戦略」2015年3月
・沖縄県「スポーツコンベンション開催実績一覧（平成29年度版）」
・NAHAマラソンホームページ：http://www.naha-marathon.jp/
・ツール・ド・おきなわ公式ホームページ：http://www.tour-de-okinawa.jp/

第4章　生涯スポーツイベントによる
スポーツツーリズムの実践
―全国健康福祉祭（ねんりんピック）に着目して―

Ⅰ　全国健康福祉祭（ねんりんピック）とは

　全国健康福祉祭（ねんりんピック）は、人生のねんりんを重ね、豊かな知識と経験を積んだ高齢者を中心として、スポーツ・文化・健康・福祉等の総合的なイベントを通じて、世代間や地域間の交流を深め、ふれあいと活力あることを目的として開催されたものである。

　厚生省（現厚生労働省）が、昭和63（1988）年に厚生省創立50周年を迎えるにあたり、昭和61（1986）年8月下旬、「国民の健康と福祉に関する啓発事業の実施構想」を確定し、昭和62（1987）年5月14日、「健康と福祉の祭典検討会」を発足した。

　昭和62（1987）年8月5日、祭典の名称を「全国健康福祉祭」に決定し、昭和62（1987）年10月17日厚生省発政第22号で、11項目からなる「全国健康福祉祭開催要綱」（資料4-2）を各都道府県知事・指定都市市長宛に厚生大臣官房長（全国健康福祉祭推進委員長）名で通知された。

資料4-1　全国健康福祉祭（ねんりんピック）のシンボルマーク
(注) 老いも若きも伸よく、ともに生きていく社会をふたりの人物で表している。また、2つの円は、その組み合わせにより、お互いに助け合い、健康と福祉の輪が未来に向かって広がっていくことを意味している。

1 目　的
　　全国健康福祉祭（以下「祭典」という。）は、健康及び福祉に関する積極的かつ総合的な普及啓発活動の展開を通じ、高齢者を中心とする国民の健康の保持・増進、社会参加、生きがいの高揚等を図り、ふれあいと活力のある長寿社会の形成に寄与することを目的とする。

2 主催等
　(1) 祭典の主催者は、厚生省、各開催地都道府県及び（財）長寿社会開発センター（以下「長寿センター」という。）とし、催しの内容によっては各会場地市町村を含めることができる。
　(2) 必要に応じ、関係省庁、関係団体、民間企業等の後援又は協賛を求める。

3 都道府県実行委員会
　(1) 開催地都道府県は、祭典に必要な企画を行い、及びこれを実施するため、実行委員会を組織する。
　(2) 実行委員会の組織及び運営については、開催地都道府県が定める。

4 開催地
　　開催地は、開催を希望する都道府県のうちから厚生労働大臣が決定する。

5 開催期間
　　祭典の開催期間は、原則として１週間以内とする。但し、開催地の会場確保等の事情からこれによることが困難な場合には、弾力的に運用することは、差し支えない。

6 参加者
　　祭典の主たる参加者は、60歳以上の者とする。
　　但し、世代交流等にも積極的に配慮するものとする。

7 事業の内容等
　(1) 祭典の事業は、主催者が実施する主催事業及び関係団体、民間企業等が実施する協賛事業とする。
　(2) 祭典の事業は、健康関連イベント、福祉・生きがい関連イベント及び健康・福祉・生きがい共通イベントより構成するものとし、その内容は概ね次のとおりとする。
　　① 健康関連イベント
　　　ア　高齢者を対象とする高齢者健康スポーツ祭を行う。
　　　　(ア) 種目の選定、運営方法等の面で、競技性の強い種目や瞬発力を要するものはできるだけ避けること。
　　　　(イ) 勝敗や優劣より、高齢者が幅広く参加できることや楽しさに重点を置くこと。
　　　　(ウ) 高齢者の身体的状況を十分勘案すること等の面に配慮を行うとともに、高齢者の健康の保持・増進に資するスポーツの紹介等に努めるものとする。
　　　　　また、実施種目は、概ね開催１年前までに決定することとする。
　　　イ　健康度チェック（血圧、脈拍、体力測定等）及び健康相談コーナーを設ける。
　　　　　この場合、主たる参加者が高齢者であることにかんがみ、高齢者健康スポーツ祭実施時における参加者の健康管理への配慮とともに、スポーツと健康増進、各種運動と医学上の注意点等についての啓発も兼ねるように配慮するものとする。
　　　ウ　食品・栄養に関する催しを行う。
　　② 福祉・生きがい関連イベント
　　　ア　高齢者作品展を行う。
　　　　　この場合、高齢者の長年にわたる知恵や経験を積極的に引き出し、広めていけるよう配慮するものとする。
　　　イ　上記のほか、高齢者の社会参加、生きがいの高揚を図るための催しを積極的に行う。
　　　　　この場合、高齢者がそれぞれの身体的・社会的条件に応じ、積極的に社会参加し、生きがいを高めていけるようにするための環境づくりに資するよう、各種行政施策・民間サービスの紹介、世代間及び地域間の交流等の面に配慮するものとする。
　　③ 健康、福祉・生きがい共通イベント
　　　ア　健康、福祉・生きがいをテーマとするシンポジウムを行う。
　　　　　なお、健康及び福祉・生きがいをテーマとする学会を併せて行うことが望ましい。
　　　イ　健康及び福祉・生きがいをテーマとする各種展示を行う。
　　　ウ　健康福祉機器展を行う。
　　　　　この場合、高齢者の利用に資する優良な各種機器の展示、最新の技術・情報の紹介等に配慮するものとする。

```
  8  　祭典の標章
  （1）祭典のイメージの形成・定着を図るため標章を定める。
  （2）標章の使用に関しては、別に定めるところによる。
  9  　参加者の募集・選定
  （1）厚生労働省及び開催地都道府県は協議のうえ、各都道府県・指定都市ごとの参加者数の
      目安を決定し、通知する。
  （2）各都道府県・指定都市は、上記（1）の参加者数の目安を勘案し、参加者の募集・選定
      を行い、開催地都道府県に通知する。
 10  　参加料等
      祭典の運営経費に充てるため、必要に応じ、参加料を徴することができる。
 11  　実施要綱
      祭典の実施要綱は、本開催要綱に添い、概ね開催1年前に開催地都道府県が厚生労働省及
      び長寿センターと協議してこれを決定する。
```

資料 4-2　「全国健康福祉祭開催要綱」

（出所）「ねんりんピック '98 愛知・名古屋公式報告」[1]

　兵庫県は、「全国健康福祉祭開催要綱」に基づいて、第 1 回全国健康福祉祭（ねんりんピック）ひょうご大会として、昭和 63（1988）年 10 月 30 日（日）〜 11 月 2 日（水）4 日間の日程で、「いのち輝く　長寿社会」をテーマに、兵庫県内で延べ 8 万人の参加者を集めて華々しく開催した。

　ひょうご大会以降の全国健康福祉祭（ねんりんピック）は、開催都道府県・指定都市が地域の特色を生かして盛大に開催され、高齢者を中心としたスポーツ・文化・健康・福祉の視点から総合的な生涯にわたるイベントとして今日に至っている。また、同時に生涯スポーツの推進とスポーツツーリズムとしての役割を担いながら高齢者の健康福祉、地域文化活性化に役立ち、経済波及効果も期待されるわが国における代表的なスポーツ文化イベントである。

　全国健康福祉祭の具体的なイベントの事業内容は、次のとおりである。

・健康関連イベント：スポーツ交流大会、ふれあいスポーツ交流大会、ニュースポーツの紹介、健康フェア等

・福祉・生きがい関連イベント：文化交流大会、美術展、地域文化伝承館等

・健康、福祉・生きがい共通イベント：シンポジウム、健康福祉機器展、音楽文化祭等

・併催イベント：子どもフェスティバル、40 歳からの健康フェスティバル等

　全国健康福祉祭（ねんりんピック）イベントの参加人数は、第 1 回大会から第 5

回大会 8 万人～30 万人、第 6 回～10 回大会 46 万人～52 万人、大都市圏で開催された第 11 回愛知・名古屋大会と第 13 回大阪府・大阪市大会は、それぞれ参加人数が 70 万人であった。また、その他各大会においても、述べ 50 万人前後の安定した参加人数があった。大会の概要、大会実施状況、大会の特色、大会アンケート調査（経済波及効果等）については報告書としてまとめられている。この報告書から、我が国の超高齢化社会の現況を踏まえれば、全国的に展開される生涯スポーツイベントの中でも、成功事例の一つとして、今後期待される健康福祉スポーツ文化イベントであることが分かる。そこで、北海道、本州、九州で開催された、全国健康福祉祭（ねんりんピック）3 大会の事例について紹介し比較考察する。

Ⅱ　全国健康福祉祭（ねんりんピック）の概要と沿革

　全国健康福祉祭（ねんりんピック）は、長寿社会を健やかで明るいものとするため、国民一人ひとりが積極的に健康づくりや社会参加に取り組むとともに、こうした活動の意義について広く国民の理解を深めることを目的として、昭和 63（1988）年から毎年開催している。

　　目　的：全国健康福祉祭（ねんりんピック）は、スポーツや文化種目の交流大会
　　　　　　を始め、健康や福祉に関する多彩なイベントを通じ、高齢者を中心とす
　　　　　　る国民の健康保持・増進、社会参加、生きがいの高揚を図り、ふれあい
　　　　　　と活力ある長寿社会の形成に寄与する
　　主　催：厚生労働省、開催県（政令指定都市）、一般財団法人長寿社会開発セン
　　　　　　ター
　　共催者：スポーツ庁
　　参加者：主たる参加者は 60 歳以上の者とするが、児童の参加等の世代間交流等
　　　　　　にも積極的に配慮する

〈事業の内容等〉
・健康関連イベント：スポーツ交流大会、ふれあいスポーツ交流大会、ニュース
　ポーツの紹介、健康フェア等
・福祉・生きがい関連イベント：文化交流大会、美術展、地域文化伝承館等

表 4-1　全国健康福祉祭（ねんりんピック）の開催状況と今後の予定

回	開催地	開催期間	テーマ	参加人員
第 1 回	兵庫県・神戸市	昭和 63 年 10 月 30 日〜11 月 2 日（日〜水）	いのち輝く 長寿社会	8 万人
第 2 回	大分県	平成 1 年 11 月 3 日〜11 月 6 日（金〜月）	健やか人生 きらめく生命	18 万人
第 3 回	滋賀県	平成 2 年 9 月 29 日〜10 月 2 日（土〜火）	輝く長寿 あなたとともに	23 万人
第 4 回	岩手県	平成 3 年 9 月 21 日〜9 月 24 日（土〜火）	ささえる長寿 あなたが主役	27 万人
第 5 回	山梨県	平成 4 年 10 月 31 日〜11 月 3 日（土〜火）	健やかに 伸びやかに 晴れやかに	30 万人
第 6 回	京都府・京都市	平成 5 年 10 月 2 日〜10 月 5 日（土〜火）	健康 ふれあい いきいき長寿	46 万人
第 7 回	香川県	平成 6 年 10 月 22 日〜10 月 25 日（土〜火）	健康発 長寿行 オリーブ色の風に乗り	55 万人
第 8 回	島根県	平成 7 年 10 月 21 日〜10 月 24 日（土〜火）	ひろげよう 神話の里から 長寿の輪	33 万人
第 9 回	宮崎県	平成 8 年 11 月 9 日〜11 月 12 日（土〜火）	太陽の国 ひらく長寿の 夢ページ	43 万人
第 10 回	山形県	平成 9 年 9 月 20 日〜9 月 23 日（土〜火）	すてきに輝け ねんりん青春	52 万人
第 11 回	愛知県・名古屋市	平成 10 年 10 月 31 日〜11 月 3 日（土〜火）	年の輪 人の輪 元気の輪	70 万人
第 12 回	福井県	平成 11 年 10 月 9 日〜10 月 12 日（土〜火）	ねんりんの パワーを生かす 新時代	46 万人
第 13 回	大阪府・大阪市	平成 12 年 11 月 3 日〜11 月 6 日（金〜月）	なにわから 未来にかける 長寿の橋	70 万人
第 14 回	広島県・広島市	平成 13 年 10 月 6 日〜10 月 9 日（土〜火）	あなたの笑顔にあいたいけん	61 万人
第 15 回	福島県	平成 14 年 10 月 19 日〜10 月 22 日（土〜火）	ほんとうの空に輝け ねんりんの輪	51 万人
第 16 回	徳島県	平成 15 年 10 月 18 日〜10 月 21 日（土〜火）	ねんりんの 渦よ 輪になれ 踊り出せ	44 万人
第 17 回	群馬県	平成 16 年 10 月 16 日〜10 月 19 日（土〜火）	ぐんま発の応援歌	50 万人
第 18 回	福岡県・北九州市・福岡市	平成 17 年 11 月 12 日〜11 月 15 日（土〜火）	長寿の話 ひろげて人の輪 アジアの和	54 万人
第 19 回	静岡県・静岡市	平成 18 年 10 月 28 日〜10 月 31 日（土〜火）	奏でよう ふじのくにから 健康賛歌	57 万人
第 20 回	茨城県	平成 19 年 11 月 10 日〜11 月 13 日（土〜火）	さわやかな 長寿の風を 茨城に	48 万人
第 21 回	鹿児島県	平成 20 年 10 月 25 日〜10 月 28 日（土〜火）	かごしまで 元気・ふれ合い・ゆめ噴火	54 万人
第 22 回	北海道・札幌市	平成 21 年 9 月 5 日〜9 月 8 日（土〜火）	ねんりんに 夢を大志を 青春を	54 万人
第 23 回	石川県	平成 22 年 10 月 9 日〜10 月 12 日（土〜火）	光る汗！輝くいしかわ 笑顔の輪	54 万人

回	開催地	開催期間	テーマ	参加人員
第24回	熊本県	平成23年10月15日～10月18日（土～火）	火の国に 燃えろ！ねんりん 夢・未来	55万人
第25回	宮城県・仙台市	平成24年10月13日～10月16日（土～火）	伊達の地に 実れ！ねんりん いきいきと	51万人
第26回	高知県	平成25年10月25日～10月28日（土～火）	長寿の輪 龍馬の里で ゆめ交流	40万人
第27回	栃木県	平成26年10月4日～10月7日（土～火）	咲かせよう！長寿の花を 栃木路で	41万人
第28回	山口県	平成27年10月17日～10月20日（土～火）	おいでませ！元気な笑顔 ゆめ舞台	54万人
第29回	長崎県	平成28年10月15日～10月18日（土～火）	長崎で ひらけ長寿の 夢・みらい	55万人
第30回	秋田県	平成29年9月9日～9月12日（土～火）	秋田からつながれ！つらなれ！長寿の輪	52万人
第31回	富山県	平成30年11月3日～11月6日（土～火）	夢つなぐ 長寿のかがやき 富山から	55万人
第32回	和歌山県	令和1年11月9日～11月12日（土～火）	あふれる情熱はじける笑顔	
第33回	岐阜県	令和2年10月31日～11月3日（土～火）	清流に 輝け ひろがれ 長寿の輪	
第34回	神奈川県	未定		
第35回	愛媛県	未定		
第36回	鳥取県	未定		

（出所）厚生労働省ホームページ「全国健康福祉祭（ねんりんピック）の概要」

・健康、福祉・生きがい共通イベント：シンポジウム、健康福祉機器展、音楽文化祭等
・併催イベント：子どもフェスティバル、40歳からの健康フェスティバル等

　全国47都道府県、持ち回りで開催される全国健康福祉祭（ねんりんピック）の第36回鳥取県大会開催はすでに決定され、これから大会準備に取りかかるものと思われる。また、第36回大会以降の各開催県については、検討し開催されていない都道府県の中から、決定される予定である。

Ⅲ　全国健康福祉祭 (ねんりんピック) の実践

　今までに開催された全国健康福祉祭 (ねんりんピック) 第 1 回大会から第 31 回大会の中から、北海道で開催された第 22 回札幌大会、九州で開催された第 24 回熊本大会、本州で開催された第 31 回富山大会の成功事例を取り上げて紹介し、その実践内容について各大会の報告書より、大会実施状況、参加延べ人数、アンケート調査結果 (経済波及効果等) などを比較考察し、生涯スポーツによるスポーツツーリズムの実践から、持続可能なスポーツツーリズムのあり方を探りたい。

1　第 22 回全国健康福祉祭北海道・札幌大会の事例から [2]

【大会の概要】
名　　称：第 22 回全国健康福祉祭北海道・札幌大会
愛　　称：ねんりんピック北海道・札幌 2009
主　　催：厚生労働省・北海道・札幌市・財団法人長寿社会開発センター
テーマ：ねんりんに　夢を　大志を　青春を
会　　期：平成 21 年 9 月 5 日 (土) 〜 9 月 8 日 (火) 4 日間
開催地：札幌市、旭川市、帯広市、北見市、岩見沢市、苫小牧市、江別市、千
　　　　歳市、滝川市、恵庭市、伊達市、北広島市、石狩市、安平町、芽室町、
　　　　幕別町 (13 市 3 町)

〈基本方針〉
　我が国の人口は、2005 年に減少へ転じる一方、高齢化が急速に進行し、国民の約 4 人に 1 人が 65 歳以上となり、今後は、戦後生まれのいわゆる「団塊の世代」が高齢者となることから、高齢化が一層顕著となってくる。このような中、心の豊かさや健康、そして安全で安心な暮らしを求める傾向が強まると共に、地方圏への移住、スローライフ志向の高まりなど、国民の価値観やライフスタイルが多様化している。第 22 回全国健康福祉祭北海道・札幌大会は、人生の新たな出発に向かう世代が社会の中心として、自らの経験や知識を活かしながらいきいきと生活を楽しむことができる地域づくりを目指し、次の 4 つの目標を掲げで開催する。

〈目標〉
・みんなが感動を分かち合える大会

資料 4-3　大会マスコットキャラクター（愛称：うっさん）
(注) マスコットキャラクターのデザインは、北海道の山に住むナキウ
　　サギをモチーフにし、そのかわいらしさは、人の心をなごませ、
　　また、明るく生きていくことをアピールしている。デザインと愛
　　称はともに、全国公募によって選ばれた。

　大会に携わるすべての人が、心の豊かさを感じながら主体的に関わり、感動を
共有できる大会とする。
・世代や地域を超えた交流が未来につながる大会
　北海道のおおらかな気質、広大な大地と恵まれた豊かな自然、安全安心な美味
しい食べ物などで全国からの参加者をもてなし、参加する皆さんに楽しい思い出
を作ってもらうと共に、世代や地域を超えた交流の絆がいつまでも続く大会とす
る。
・「雄大な自然に抱かれた北の大地に住みたい」と夢ふくらむ大会
　自然環境と共存する道民の暮らしの知恵や想像力と多種多彩な地域の彩りで形
づくられる北海道の魅力で全国からの参加者を引き付け、「訪れたい」から「住
んでみたい」北海道を感じられる大会とする。
・夢の実現に向かう新たな出発を応援する大会
　新たな出発―夢や目標に向かって輝く人生を進むための多様なライフステージ
を紹介し、自分らしい生き方の発見を応援する大会とする。

〈大会実施状況〉
①大会実行委員会
　平成 19 年 8 月に道内各界各層の代表者 161 人で構成する「ねんりんピック北

海道・札幌 2009 実行委員会」を設立し、実行委員会総会を開催した。実行委員会には、23 人からなる常任委員会と「総務・企画」、「事業・式典」、「宿泊・衛生・輸送」の 3 つの専門委員会を設置し、具体的な事業の検討を重ねた。また、平成 20 年には、交流大会会場地市町でも、順次、実行委員会を設立し、交流大会実施に向けた準備を行った。

②大会運営体制

　道では、知事を本部長とする大会実施本部を設置し、延べ 2,062 人の職員と述べ 1,475 人のボランティアの協力を得て、大会の運営を行った。交流大会会場地市町でも、延べ 3,596 人の職員と述べ 6,584 人のボランティアにより、21 種目の交流大会の運営を行った。

③実施事業

　主催事業として、「総合開会式」、「総合閉会式」、「スポーツ・文化交流大会」等 35 事業、併催事業として「子どもフェスティバル」、「40 歳からの健康フェスティバル」、「遊んで、学ぼう！シニアと子どもの"ふれあい"教室」の 3 事業、協賛イベントとして「健康発見！国保館〜みんなの幸せここにある〜」、「おもしろ自転車コーナ」、「人と動物の絆」等 51 事業を実施した。

〈大会の特色〉
①総合開会式
・NHK アナウンサー男女による総合司会のほか、地元高校生男女も司会に参加し、「世代間交流」を図った式典進行を行った。
・札幌市内及び近郊の小学校 7 校が 47 都道府県・18 政令指定都市 65 選手団ごとに応援団（愛称：チャレンジどさんこキッズ隊）を組織し、その地域の自然や文化・歴史などを学習し、理解を深める「ねんりんピック北海道・札幌 2009 世代交流運動」を実施し、当日は選手団と一緒に入場行進を行った。入場行進の際は、チャレンジどさんこキッズ隊から、各地の方言を織り交ぜるなど趣向を凝らした応援メッセージが読み上げられ、一体感あふれる入場行進を行った。また、式典終了後は、各選手団とチャレンジどさんこキッズ隊との交流が行われ、選手団の皆さんと地域や世代を超えた交流を図った。

資料 4-4　第 22 回全国健康福祉祭北海道・札幌大会（総合開会式）
（出所）「ねんりんピック北海道・札幌 2009 大会報告書」

・根室市納沙布岬にある北方領土返還祈念「祈りの火」から元島民とその家族が採火した炬火を、三世代ファミリーの三浦雄一郎さん一家が持って入場し、炬火台に点火した。

・式典前ウエルカムアトラクションは、3つの演目で構成し、北のマーチングパレードの競演、札幌ドームをホームとするプロスポーツチームのチアリーディングとマスコットキャラクターによるパフォーマンス、札幌市内幼稚園児による踊りで、選手団の皆さんに対する歓迎の気持ちを表現した。

・メインアトラクションでは、アイヌの民族楽器ムックリ（口琴）の演奏と、道内公募で結成された「ねんりん道産子合唱団」の歌と北海道の歴史を綴った映像による一大抒事詩「北海道物語」により豊かな自然と大地に暮らす素晴らしさを表現した。続いて、北海道に伝承されたまつりのひとつである「沼田町夜高あんどん祭り」による迫力あるパフォーマンスが催され、さらに、北海道の夏の一大祭りとなった YOSAKOI ソーラン祭り踊り子 1,000 人が登場し、圧倒的なスケールの大郡舞を展開した。若さあふれる踊り子たちの選手団へ送るパワーで、会場は熱気に包まれた。また、最終では、グランドフィナーレとして、全出演者がアリーナに再登場し、旧北海道庁舎である赤れんが庁舎と札幌時計台に掲げられている「五綾星」を人文字で表現した。ドームという会場の特徴を生かし、暗転した会場に人文字が映し出され、感動のまま開会式を終えた。

・ふれあい広場は、全国の選手団の皆さんに北海道を体感してもらえるように「食」や「特産品」の紹介の他、流氷や大会マスコット「うっさん」雪像の展示等様々なテーマブースの設置やステージイベントを実施し、北海道の魅力を参加者に満喫してもらった。

②交流大会

・ゲートボールとともに北海道が発祥のスポーツであるパークゴルフ交流大会を平成15年の徳島大会以来6年ぶりに、発祥の地である幕別町で実施した。

・帯広市のテニス、幕別町のパークゴルフ、芽室町のゲートボールの十勝地区の3交流大会と北見市の弓道交流大会の参加者は、地理的条件と選手の健康面に配慮した結果、総合開会式に参加せず直接現地入りした。そのため、各開会式（十勝地区は合同開会式）においては、より一層手厚いおもてなしの心をもって選手の皆さんを歓迎した。

③各種イベント

・イベント会場の分散化を避け会場を集約した結果、効率的かつ集客力につながるイベント運営が可能になり、きたえーる会場、アクセスサッポロ会場とも土日のみならず月曜日も多くの観客を動員することができた。

・北海道および札幌市が健康づくりにおいて力をいれているノルディックウォーキングを各会場で開催した。国営滝野すずらん丘陵公園ではオリジナルイベントとして「ノルディックウォーキング in 滝野」を、きたえーる会場では、ふれあいニュースポーツとして、またアクセスサッポロ会場では、健康フェアの1コーナーで実施した。

④総合閉会式

・オープニングは、約100人の幼稚園児による元気で可愛らしい踊りで総合閉会式の幕開けを明るく演出した。

・次期開催地アトラクションでは、石川県指定無形民俗文化財である「御陣乗太鼓」が披露された。

・フェアウェルアトラクションでは、全国でも珍しい小中学生を対象とする1期1年のジャズスクール「札幌・ジュニア・ジャズスクール」の中学生のメンバーが

演奏し、最後に司会者が全出演者を呼び込むと、軽快な「Sing Sing Sing（シング　シング　シング）」の演奏に始まり、会場は大いに盛り上がる中、フィナーレを迎えた。

〈大会の参加実績（参加者数）〉
①都道府県・政令指定都市からの参加選手・監督、役員等

　選手・監督：8,495 人＋人役員等：822 人＝合計：9,317 人

②職員等の延べ参加者数（大会運営）

　「道関係」職員：2,062 人＋ボランティア：1,475 人＝合計 3,537 人

　「市町関係」職員：3,596 人＋ボランティア：6,584 人＝合計 10,180 人

③総合開・閉会式の出演・演奏等参加者数

　総合開会式：2,882 人＋総合閉会式：188 人＝合計 3,070 人

④延べ参加者数

　総合開会式：23,400 人＋イベント会場：427,500 人＋交流大会会場：86,800 人＋
　　　　　総合閉会式 1,200 人＝合計 538,900 人

　※「総合開会式」には帯広市で開催された合同開会式及び北見市で開催された開
　　始式の参加人数を含む。

〈ねんりんピック北海道・札幌 2009 大会アンケート〉
①調査目的

　1）大会の印象や意見の集約

　2）大会参加者、来場者の消費動向の把握

　3）大会が道内経済に与えた波及効果の推計

②アンケート調査の方法
○大会参加者アンケート
・調査対象：選手、監督、役員、大会関係者を対象とした。
・調査方法：総合開会式終了後の輸送バス車内や監督（代表者）会議、交流大会会

場等にて、アンケート票を配布し、各会場に回収箱を設置し回収した。

○来場者アンケート

・対象者：一般来場者を対象とした。

・調査方法：大会期間中に、各会場（きたえーる、アクセスサッポロ）において、ボ
　ランティアが一般来場者に聞き取り調査を実施した。また、総合開会式、音楽文
　化祭、シンポジウムの入場者にアンケート用紙を配布し、各会場に回収箱を設置
　し回収した。

③回答者数

　・大会参加者アンケート：3,106 人

　・来場者アンケート　　　：3,513 人

〈アンケートと調査結果と分析〉

①大会参加者アンケート

○回答者属性

　大会参加者アンケート回答者の年代構成をみると、60 〜 64 歳が 1,023 人（不明
回答者を除く全体の 33.2％）と最も多く、以下 65 〜 69 歳（同 29.5％）、70 〜 74 歳
（同 22.8％）と続く。性別構成をみると、男性が 2,096 名（同 68.2％）を占める。大
会参加者の居住地別内訳をみると、北海道からが 150 人（同 4.8％）、道外参加者を
地方別にみると、中部地方からが 597 人（同 19.2％）と最も多く、以下、関東地方
567 名（同 18.2％）、近畿地方 521（同 16.8％）、中国・四国地方 468（同 15.1％）と続
く。

　大会参加者が大会に参加した立場は、「選手」が 2,897 人（同 94.3％）で、次い
で「監督」が 127 人（同 4.1％）、「役員」が 13 名（同 0.4％）、「その他」が 37 名（同
1.2％）となっている。

○大会に参加した理由および鑑賞

　大会に参加した理由は、「全国の参加者との交流」が 69.2％と最も多く、以下
「健康の維持増進」が 45.1％、「地元の人々との交流」が 41.4％と続く。

　大会に参加した感想は、「係員やボランティアの対応」に対する評価は非常に高

く「大変良い」および「良い」の合計で93.3％と高評価であった。「大変良い」：5、「良い」：4、「普通」：3、「あまり良くない」：2、「良くない」：1とする平均階級値は4.52であった。一方、「宿泊施設」、「会場間の移動」に対する評価はやや低かった。

○道内の滞在日数と観光予定

　観光も含めた北海道内への滞在日数は、「4泊5日」が全体の64.9％と半数を超え、次いで「5泊以上」が17.0％、「3泊4日」が13.7％と続く。参加者の居住地別にみると、道内参加者は「2泊3日」が、道外参加者は「4泊5日」が最も多かった。

　大会期間中あるいは期間後の観光の予定については、「ある（「ねんりんピック北海道・札幌2009の観光プランに申し込み）」が全体の14.7％、「ある（大会参加者が独自に手配して観光）」が38.0％、「なし」が47.3％となった。

○大会参加者の消費支出額

　大会参加に際して、消費支出した金額は、回答者全体では、合計で138,943円、費目別でみると、「交通費」64,732円、「宿泊費」34,092円、「土産代」18,249円などであった。

②来場者アンケート

○回答者属性

　来場者アンケートの回答者の年代構成をみると、60歳代が全体の30.4％と最も多く、以下70歳以上が27.1％、50歳代が14.5％と続く。

　来場者アンケートの回答者の性別構成をみると、男性34.1％、女性65.9％と女性の方が多い。

　来場者の居住地別内訳をみると、北海道内が96.5％を占め、道外からの来場者は3.5％にとどまった。

○情報源

　「ねんりんピック北海道・札幌2009」を知った情報源については、「新聞」が48.4％で最も多く、以下「広報紙・チラシ」32.1％、「友人・知人」18.5％の順であった。

○「ねんりんピック北海道・札幌 2009」の感想

　「ねんりんピック北海道・札幌 2009」の感想について各項目を比較してみると、見た人の中では、総合開会式、イベント、係員やボランティアの対応とも、「大変良い」、「良い」とする人が多く、概ね好評だったといえる。

○消費支出額

　大会来場に際して、消費支出した金額は、回答者 1 人当たりでは、合計で 7,204 円、費目別にみると「交通費」1,598 円、「宿泊費」1,133 円、「飲食代」1,249 円、「土産代」891 円、「その他」2,333 円などであった。

○普段および今後のスポーツ・文化活動

　普段から取り組んでいる活動としては、「スポーツ活動」が 45.6％と多く、特に男性では 54.4％に上がる。一方、「文化活動」は 23.7％の人が取り組んでいる。「特になし」とする人は 39.3％であった。

　今後取り組みたい活動については、「スポーツ活動」が 36.1％、「特になし」は 30.0％であった。

・普段から取り組んでいる活動

　　普段から取り組んでいるスポーツ活動としては、「ウォーキング」が 16.3％と多く、以下「パークゴルフ」10.7％、「水泳」5.6％の順であった。

　　普段から取り組んでいる文化活動としては、「音楽」が 7.8％と多く、以下「写真」2.5％、「書道」2.4％の順となった。

・今後取り組んでみたい活動

　　今後取り組んでみたいスポーツ活動としては、「ウィーキング」が 8.1％と多く、以下「パークゴルフ」5.7％、「水泳」5.6％の順となった。

　　今後取り組んでみたい文化活動としては、「音楽」が 5.5％と多く、以下「書道」4.5％、「写真」3.6％の順であった。

〈経済波及効果〉

　今回のアンケート調査をもとに北海道総合政策部が分析した経済波及効果の推計結果によると、「ねんりんピック北海道・札幌 2009」の経済波及効果は、83 億

66

2,300 万円となった。その内訳は、直接効果：47 億 7,900 万円＋生産誘発額：35 億 4,400 万円＝ 83 億 2,300 万円であった。

　以上、記載し紹介した内容については、「ねんりんピック北海道・札幌 2009 大会報告書」を参考にして記述した [2]。

2　第 24 回全国健康福祉祭くまもと大会の事例から [3]

【大会の概要】
名　　称：第 24 回全国健康福祉祭くまもと大会
愛　　称：ねんりんピック 2011 熊本（ねんりんピック「ふれあい」くまもと）
主　　催：厚生労働省・熊本県・一般社団法人長寿社会開発センター
テーマ：火の国に　燃えろ！ねんりん　夢・未来
会　　期：平成 23 年 10 月 15 日（土）〜 10 月 18 日（火）4 日間
開催地：熊本市、八代市、人吉市、玉名市、山鹿市、菊池市、宇土市、上天草
　　　　市、阿蘇市、和水町、大津町、菊陽町、高森町（9 市 4 町）

〈基本方針〉

　我が国の高齢者人口は総人口の 20％を超え、5 人に 1 人が高齢者という、まさに「前例のない高齢社会」を迎えている。戦後生まれの団塊の世代が高齢者の仲間入りをする平成 24（2012）〜 26（2014）年には、高齢者人口は毎年約 100 万人ずつ増加することと見込まれており、今後高齢化はさらに進行していく。このような「前例のない高齢化社会」においては、高齢者自身が、地域や他の世代との "絆" を深め、"ふれ愛"、"支え愛" によって地域のなかで安心、安全に暮らすことができることはもちろん、健康で、生きがいを持って、"生き生きと輝き"、"長寿をたのしめる" ことが、大変重要になる。第 24 回全国健康福祉祭くまもと大会（ねんりんピック 2011 熊本）では、このような考えを踏まえ、"高齢者が生き生きと輝き、長寿を楽しめる" 社会の実現に向けて、次の 4 つの柱のもとに開催する。

〈目標〉
・楽しく参加し、次の世代に長寿への希望を伝える大会
　〜 'いきいき輝き'、'楽しむ長寿' 〜
・"ふれ愛" で、新たな "絆" が芽生える大会

資料4-5　大会マスコットキャラクター（愛称：ASO坊健太くん）
（注）「ASO坊健太くん」は、県民の健やかな生活習慣の定着を目指す「健やか
生活習慣くまもと」県民運動のイメージキャラクターとして、平成20年3
月に全国公募により選定された。ねんりんピック2011熊本でも、「ASO坊
健太くん」は、大会マスコットとして高齢者の健康づくりと生きがいづく
りのため、一生懸命応援する。

　～笑顔で'ふれ愛'、芽生える'絆'～
・"生きがい"で、自信と意欲が沸き上がる大会
　～'生きがい'実感、生涯'現役'～
・"熊本の記憶"が永遠（いつ）までも心に残る大会
　～おもてなしの'こころ'、五輪の書'～

　　地（大地）の巻　　　　　豊かな自然で出迎えます
　　水（命の源）の巻　　　　豊かな水、豊富な食べ物でもてなす。
　　火（心）の巻　　　　　　県民の熱い心で応援する。
　　風（風土）の巻　　　　　伝統、文化で癒す。
　　空（悠久の時）の巻　　　歴史とロマンを堪能してもらう。

〈大会実施状況〉

①大会実行委員会
　平成21年8月に県内各界の代表者184人で構成する「ねんりんピック2011熊
本実行委員会」を設立し、実行委員会総会を開催した。実行委員会には、22人の
委員からなる常任委員会と、「総務・広報」、「事業・式典」、「宿泊・輸送・衛生」
の3つの専門委員会を組織し、具体的な検討を重ねた。
　また、交流大会会場地市町でも、順次、実行委員会を設立し、交流大会実施に向

けた準備を行った。

②大会運営体制

　県では、知事を本部長とする大会実施本部を設置し、延べ2,060人の職員と延べ1,343名のボランティアの協力を得て、大会の運営を行った。交流大会会場市町でも、延べ3,907名の職員と延べ4,521人のボランティアより、22種目の交流大会の運営を行った。

③実施事業

　主催事業として、「総合開会式」、「総合閉会式」、「交流大会（スポーツ・ふれあいスポーツ・文化）」等38事業を、併催事業として、「子どもフェスティバル」、「40歳からの健康フェスティバル」、「シニアと子どもの"ふれあい教室"」の3事業を実施した。また、協賛イベントとして、「ねんりんピック絵手紙展」、「健康ふれあい館」、「おもしろ科学実験教室」等97事業が実施された。

〈大会の特色〉

①総合開会式

・東日本大震災からの復興に懸命に取り組んでおられる地域の方々を力づけられるよう、入場行進先頭の横断幕をはじめ、開会式会場のバックスタンド等に応援メッセージを掲示した。

・開会式会場周辺の熊本市内の小学校5校から約770人の生徒が参加し、都道府県・政令指定都市の選手団ごとに応援団を組織し、事前に選手へのメッセージカードや応援用品を作製した。また、各選手団の方々と一緒に入場行進を行うなど、地域や世代を超えた交流を行った。

・「火の国くまもと」を象徴する「阿蘇」の火口から採取された火を掲げて、マスターズ陸上大会等で世界的な記録を待つ現役の県内ねんりん世代ランナー4人が会場をリレーし、ロサンゼルスオリンピック柔道金メダリストの山下泰裕氏につなげ、点火する炬火リレーを行った。

・「くまもと夢・未来宣言」として、男女各1人の熊本県選手団代表者が、未来に向かって、笑顔とはつらつしたプレーで、日本全国に元気を届けることを宣言した。

・岩手県・宮城県・福島県・仙台市の選手団代表者から、東日本大震災の被災地の高齢者を代表して、支援への感謝の気持ちを込めた「被災地選手団共同宣言」が行られた。

・式典前アトラクションは、3つの演目で構成し、熊本の地で育まれた①スポーツ（サッカー）、②武道（剣道）、③書・アート（書道）の3つのパフォーマンスを披露した。

・メインアトラクションは、熊本らしさを象徴する「やさしさ」、「美しさ」、「力づよさ」をテーマにしたアトラクションで、「未来へつなぐ夢」というメッセージを発信した。プロローグの若々しいマーチングバンド演奏や、多彩な民謡に合わせた三世代がひとつになった踊り、次に次代を彷彿とさせる祭り、続いて世代を引き継ぐ力づよい踊りなどで構成し、出演者全員が、全国に向けてやさしさと元気そして熊本の魅力を発信した。

・フィナーレでは、会場全体がひとつになって、熊本県出身の水前寺清子さんと一緒に、「365歩のマーチ」を大合唱し、全国に向けて熊本から元気を届けた。

②交流大会
・県内9市4町の会場で、スポーツ交流大会（10種目）、ふれあいスポーツ交流大会（8種目）、文化交流大会（4種目）の計22種目の交流大会を開催した。

③各種イベント
・来場者の利便性を考慮して、イベント会場を「グランメッセ熊本」、「崇城大学市民ホール（熊本市民会館）」及び「熊本県立美術館分館」に集約し、効率的なイベント運営を行った。

④総合閉会式
・式典前アトラクションで、熊本の「やさしさ」、「美しさ」を肥後手まりから山鹿籠踊りへの光の演出で表現した。

・三浦宮城県副知事から、「宮城・仙台大会」の開催を、大震災からの復興の足がかりとして、宮城・仙台の元気な姿を全国に伝え、支援に対する感謝を伝えるような大会にしたいとの次期開催地代表あいさつがあった。

・メインアトラクションでは、若者達による童謡・唱歌の演奏と合唱を披露し、出

演者全員が見守る中、ねんりんピック史上初の納火式を実施した。
・フィナーレでは、「サンバおてもやん」の演奏で出演者と会場が一体となって、大いに盛り上がる中、総合閉会式を終了した。

〈大会の参加実績（参加者数）〉
①都道府県・政令指定都市からの参加選手・監督、役員等
　選手・監督：8,604 人＋人役員等：724 人＝合計：9,328 人

②職員等の延べ参加者数（大会運営）
　「県関係」職員：2,060 人＋ボランティア：1,343 人＝合計 3,403 人
　「市町関係」職員：3,907 人＋ボランティア：4,521 人＝合計 8,428 人

③総合開・閉会式の出演・演奏等参加者数
　総合開会式：3,479 人＋総合閉会式：151 人＝合計 3,630 人

④延べ参加者数
　総合開会式：24,000 人＋イベント会場：455,200 人＋交流大会会場：74,500 人＋
　　　　　総合閉会式 1,500 人＝合計 555,200 人

〈ねんりんピック 2011 熊本大会アンケート〉
①調査目的
　1）大会の印象や意見の集約
　2）大会参加者、来場者の消費動向の把握
　3）大会の経済波及効果の推計

②アンケート調査の方法
○大会参加者アンケート
・調査対象：選手、監督、役員、大会関係者を対象とした。
・調査方法：県外の選手団……宿泊先で配布、回収した。
　　　　　　県内の選手団……郵送で配布、回収した。

〇来場者アンケート

・対象者：一般来場者を対象とした。

・調査方法：大会期間中に、総合開・閉会式会場、各イベント会場（グランメッセ
　熊本、美術館分館、崇城大学市民ホール、城彩苑）において、ボランティアが一般
　来場者に聞き取り調査を実施した。

③回答者数

・大会参加者アンケート：3,520 人

・来場者アンケート　　　：5,294 人

〈アンケートと調査結果と分析〉

①大会参加者アンケート

〇回答者属性

　大会参加者アンケート回答者の年代構成をみると、60 ～ 64 歳が 1,198 人（不明
回答者を除く全体の 34.2％）と最も多く、以下 65 ～ 69 歳（同 26.8％）、70 ～ 74 歳
（同 22.5％）と続く。

　性別構成をみると、男性が 2,341 人（同 66.6％）を占める。大会参加者の居住地
別内訳をみると、熊本県から 436 人（同 12.4％）、県外参加者を地方別にみると、
関東地方 690 人（同 19.6％）と最も多く、以下、中部地方からが 623 人（同 17.7％）
近畿地方 478 人（同 13.6％、中国・四国地方 465 人（同 13.2％）と続く。

　大会参加者が大会に参加した立場は、「選手」が 3,232 人（同 91.9％）で、次いで
「監督」が 121 人（同 3.5％）、「役員」が 64 人（同 1.8％）であった。

〇大会に参加した理由および感想

　大会に参加した理由は、「全国の参加者との交流」が 72.7％と最も多く、以下
「健康の維持増進」が 48.9％、「充実感や生きがいを味わう」が 47.0％と続く。

　大会に参加した感想は、「係員やボランティアの対応」に対する評価は高く「大
変良い」および「良い」の合計で約 9 割を占める。一方、「会場間の移動」に対す
る評価はやや低かった。また、「熊本にまた来たいか」は、「はい」が 98.5％を占め
た。宿泊施設については、また利用したいと答えた人が 8 割を超えた。

○道内の滞在日数と観光予定

　観光も含めた熊本県内への滞在日数は、「4泊5日」が全体の47.7％で半数近くを占め、次いで「3泊4日」が28.5％、「2泊3日」13.0％と続く。参加者の居住地別にみると、県内参加者は「日帰り」が48.5％最も多く、県外参加者は「4泊5日」が51.3％と最も多かった。

　大会期間中あるいは期間後の観光予定については、「ある（「ねんりんピック2011熊本のオプショナルツアーに申込)」が全体の11.1％、「ある（大会参加者が独自に手配して観光)」が43.0％、「なし」が45.9％であった。

○大会参加者の消費支出額

　大会参加に際して、消費支出した金額は、回答者1人当たり、合計で106,765円、費目別でみると、「交通費」41,204円、「宿泊費」36,498円、「土産代」14,099円などとなっている。

②一般来場者アンケート

○回答者属性

　来場者アンケートの回答者の年代構成をみると、70歳以上が全体の27.1％と最も多く、以下60歳代が28.3％、30歳代が12.4％と続く。

　次に性別構成をみると、男性37.5％、女性62.5％と女性の方が多い。

　来場者の居住地別内訳をみると、熊本県内が87.3％を占め、県外からの来場者は12.7％とであった。

○情報源

　「ねんりんピック2011熊本」を知った情報源については、「新聞」が40.4％で最も多く、以下「テレビ」39.8％、「広報紙・チラシ」31.2％の順であった。

○会場までの交通手段

　「ねんりんピック2011熊本」の会場までに利用した交通手段については、「自家用車」が52.4％で最も多く、以下「公共バス（有料)」19.4％、「無料シャトルバス」9.4％の順となった。

○「ねんりんピック 2011 熊本」の感想

　「ねんりんピック 2011 熊本」の感想について各項目を比較してみると、見た人の中では、総合開会式、参加したイベントの感想、係員やボランティアの対応とも、「大変良い」、「良い」が 85％以上となっており、非常に好評であったといえる。

○消費支出額

　大会来場に際して、消費支出した金額は、回答者 1 人当たり 12,053 円であった。費目別にみると、「交通費」2,715 円、「宿泊費」3,237 円、「飲食代」1,279 円、「土産代」1,705 円、「その他」3,117 円であった。

○普段および今後のスポーツ・文化活動

　普段から取り組んでいる活動としては、「スポーツ活動」が 52.6％と多く、特に男性では 61.5％に上る。また、「文化活動」が 26.0％、「特になし」が 37.7％となっている。

　今後、取り組みたい活動については、「スポーツ活動」が 47.7％、「文化活動」28.7％で、「特になし」は 36.6％であった。

・普段から取り組んでいる活動

　　普段から取り組んでいるスポーツ活動としては、「ウォーキング」が 18.6％と多く、以下「グランド・ゴルフ」8.8％、「ジョギング」4.1％の順になっている。

　　普段から取り組んでいる文化活動としては、「音楽」が 6.2％と多く、以下「絵画」3.2％、「書道」2.7％の順であった。

・今後取り組んでみたい活動

　　今後取り組んでみたいスポーツ活動としては、「ウィーキング」が 10.9％と多く、以下「ジョギング」、「水泳」4.2％が続いている。

　　今後取り組んでみたい文化活動としては、「書道」が 5.0％と多く、以下「音楽」4.9％、「絵画」3.6％の順となっている。

〈経済波及効果〉

　今回のアンケート調査をもとに、財団法人地域流通経済研究所が分析した経済波及効果の推計結果によると、「ねんりんピック 2011 熊本」の経済波及効果は、107億 7,100 万円となった。その内訳は、直接効果：61 億 1,600 万円＋生産誘発額：46

億 5,500 万円 = 107 億 7,100 万円であった。

　以上、記載し紹介した内容は、「ねんりんピックくまもと 2011 大会報告書」を参考にして記述したものである [3]。

3　第 31 回全国健康福祉祭とやま大会の事例から [4]

> 【大会の概要】
> 名　　称：第 31 回全国健康福祉祭とやま大会
> 愛　　称：ねんりんピック富山 2018
> 主　　催：厚生労働省・富山県・財団法人長寿社会開発センター
> テーマ：「夢つなぐ　長寿のかがやき　富山から」
> 会　　期：平成 30 年 11 月 3 日（土）～ 11 月 6 日（火）4 日間
> 開催地：富山市、高岡市、射水市、魚津市、氷見市、滑川市、黒部市、砺波市、小谷部市、南栃市、船橋村、上市町、立山町、入善町、朝日町（10 市 4 町 1 村）

〈基本方針〉

　我が国は他国に類をみないスピードで少子高齢化が進んでおり、核家族化の進行や一人暮らし高齢者の増加など、地域社会・家族関係が大きく変容しつつあります。こうしたなか、いつまでも健康でいきいきと暮らすことができる長寿社会の実現は、誰もが抱く共通の願いである。第 31 回全国健康福祉祭とやま大会は、高齢者等が能力を発揮して活躍できる社会の実現や、健康とともに支えあい安心して暮らせる社会の形成を目指すとともに、富山県の魅力や特色を活かし、全国からの参加者や県民の心にいつまでものこる大会となるよう、次の目標を掲げて開催する。

〈目標〉

・「生涯現役社会」につながる高齢者がいきいきと輝く大会

　富山県では、働く意欲のある健康で元気な高齢者への就業・起業や、地域社会の担い手となる高齢者の養成など、元気な高齢者が活躍するための支援を積極的に行う。

　「生涯現役社会」の実現を目指し、大会の主役である高齢者が、元気にいきいきと活躍し、スポーツや文化活動、地域貢献活動などの楽しさや生きがいを実感

資料4-6　大会マスコットキャラクター（愛称：きときと君）
（注）きときと君はスポレクとやま 2010 のマスコットとして誕生し、富山県のスポーツ振興や新幹線の開業等たくさんの場所で、富山県の PR 活動をしている。ねんりんピック富山 2018 でも、大会成功のために、そして富山の PR のために、たくさん応援し、大会を盛り上げている。

することができる大会とする。

・「健康寿命」延伸への気運を高める大会

　富山県では、「健康寿命日本一」を目指し、運動習慣の定着や食生活の改善など望ましい生活習慣の確立や、健康を支える環境づくりの推進などに県民総参加で取り組んでいる。

　東京オリンピック・パラリンピックも開催に向けスポーツへの関心が高まるなか、大会を通じて誰でもが気軽にスポーツに親しむことができる環境づくりを推進するとともに、運動習慣の定着をはじめ健康づくりへの気運を高める大会とする。

・「地域共生社会」を創る交流とふれあいが広がる大会

　富山県では、すべての人々が地域社会において、ともに支えあい、年齢や障害の有無にかかわらず、自分らしい生活が継続できる富山型地域共生福祉を推進する。

　富山型デイサービスなど地域共生福祉の先駆的な取り組みや、全国一の加入率を誇る老人クラブ活動等を全国にアピールするとともに、子どもから高齢者まで、障害のある方もない方も、すべての人の交流とふれあいが広がる大会とする。

・自然、伝統・文化、産業、食など「富山県の魅力」あふれる大会

「雄大な立山連峰」や「世界で最も美しい富山湾」などの美しく豊かな自然や、おいしい富山の食、歴史ある伝統・文化「富山のくすり」や伝統工芸などの産業、さらには全国トップクラスの住みよさなど、本県の魅力を全国に発信する大会とする。

・「おもてなしの心」で「温かみ」のある大会

　　新幹線開業により、富山県が全国から大きな注目を集めるなかで開催する大会であることから、県外からの多くの参加者などに対して、県民全体で「おもてなしの心」で対応し、富山にまた来たいとおもわれるような「温かみ」のある大会とする。

〈大会実施状況〉

①大会実行委員会

　平成28年7月に県内関係機関及び関係団体の代表者171人で構成する「ねんりんピック富山2018実行委員会」を設立し、第1回総会を開催した。

　実行委員会には、常任委員会と「総務・企画」、「事業・式典」、「宿泊・衛生・輸送」の3つの専門委員会及び「音楽」、「演技」、「献立」の3つの部会、「美術展」の運営委員改を設置し、具体的な検討を重ねてきた。また、交流大会会場地市町でも、実行委員会を設立し、交流大会実施に向けた準備を行ってきた。

②大会運営体制

　県では、知事を本部長とする大会実施本部を設置し、延べ2,229人の職員と延べ1,526人のボランティアの協力を得て、大会の運営を行ってきた。市町村でも、延べ4,124人の実施本部員・職員と、延べ3,015人のボランティアにより、27種目の交流大会の運営を行った。

③実施事業

　主催事業として、「総合開会式」、「総合閉会式」、「交流大会（スポーツ、ふれあいスポーツ、文化」等43事業を、また、会期中には併催事業として「『心豊かに歌う全国ふれあい短歌大会』優秀作品展」、「シニアと子どものふれあい教室」、「精神障害者の作品展」の3事業を実施した。さらに、協賛イベントとして、「おもしろ科学実験教室」、「人と動物の絆」等の23事業が実施された。

〈大会の特色〉

①総合開会式

・メインナビゲーターとして柴田理恵さん、応援団長として高原兄さんが出演し、司会者とともに式典を進行して会場を盛り上げた。

・富山市内の小学校 7 校 606 人の児童が「富山きときと夢 KIDS」として歓迎するとともに、富山市内の小学生が作成した応援メッセージカードや横断幕を全国 67 選手団に手渡しし、選手団と一緒に入場行進を行った。

・国旗掲揚では声楽家の小林大祐さんが国家を独唱した。

・炬火は、富山の美しい自然「海」、「川」、「里」、「山」にまつわる県内 4 か所の祭りから採火した。総合開会式では、3 世代スポーツ一家をはじめとする 3 組の走者が炬火を引き継ぎ、最終ランナーへと集火し、炬火台へ点火した。

・「長寿のかがやき　元気とやま宣言」では、富山県選手団代表と富山きときと夢 KIDS 代表により、大会にかける意気込みや、おもてなしと交流を大切にする思いが高らかに宣言された。

・メインアトラクションでは、大伴家持誕生 1,300 年にちなみ、美しい富山の自然や人々の営みなどを詠んだ越中万葉を本県ゆかりの著名人が紹介、その世界観を、映像を織り交ぜながら、小学生からねんりん世代まで幅広い年齢層の出演者が、伝統芸能や創作舞踊、集団演技などで華やかに表現し、富山県の魅力を発信するとともに歓迎とおもてなしの心があふれる式典となった。

②交流大会

・県内全 15 市町村で、スポーツ交流大会（10 種目）、ふれあいスポーツ交流大会（12 種目）、文化交流大会（5 種目）の計 27 種目の交流大会を開催した。

・ふれあいスポーツ交流大会のカーリングとビーチボールはとやま大会で初めて開催された。

③各種イベント

　ねんりん世代から子どもまで誰でもが気軽に楽しめるイベントにより、ねんりん世代の元気な活躍ぶりをアピールし、健康長寿や生きがいの大切さを再認識するとともに、来県者が、富山の魅力を満喫できるよう、ふれあい広場や地域文化伝承館、健康フェア、美術展などの各種イベントを、富岩運河環水公園周辺を中心に開

催した。

④総合閉会式

・式典前アトラクションでは、富山に伝わる代表的な民謡「越中おわら」が披露された。

・次期開催地アトラクションでは、ミュージカル「空海より」が披露され、会場から盛大な拍手が送られた。

・メインアトラクションでは、日本を代表する富山県出身の声楽家平井香織さん（ソプラノ）、澤武紀行さん（テノール）、地域の合唱団等が、富山の美しい歌を披露し、本県の魅力を伝えた。フィナーレでは、すべての出演者がステージに登場して、富山県ふるさとの歌「ふるさとの空」を合唱し、会場全体が感動で包まれる中、総合閉会式は終了した。

〈大会の参加実績（参加者数）〉
①都道府県・政令指定都市からの参加選手・監督、役員等
　選手・監督：9,743 人＋人役員等：668 人＝合計：10,411 人

②職員等の延べ参加者数（大会運営）
　「道関係」職員：2,229 人＋ボランティア：1,526 人＝合計 3,755 人
　「市町関係」職員：4,124 人＋ボランティア：3,015 人＝合計 7,139 人

③総合開・閉会式の出演・演奏等参加者数
　総合開会式：3,600 人＋総合閉会式：152 人＝合計 3,752 人

④延べ参加者数
　総合開会式：19,600 人＋イベント会場：479,300 人＋交流大会会場：53,000 人＋
総合閉会式 1,400 人＝合計 553,300 人

〈ねんりんピック富山 2018 大会アンケート〉
①調査目的
　1）大会参加者及び一般来場者の大会の印象や意見の集約

2）大会参加者及び一般来場者の消費動向の把握

3）大会が県内経済に与えた波及効果の推計

②アンケート調査の方法

○大会参加者アンケート

・調査対象：選手、監督、役員その他の大会参加者

・調査方法：県内：事前にアンケート調査票を配布し、終了後に郵送にて回収

　県外：監督会議等においてアンケート調査票を配布し、各会場にて回収

○来場者アンケート

・調査対象：総合開会式会場ふれあい広場及び各イベント会場への一般来場者

・調査方法：各会場で実施本部員及びボランティアスタッフが来場者に声掛けの

　上、記入を依頼し回収

③回答者数

・大会参加者アンケート：4,826 人（県内：378 人、県外：4,448 人）

・来場者アンケート　　　：4,390 人

〈調査結果〉

①大会参加者アンケート

○回答者属性

　大会参加者アンケート回答者の年代構成をみると、60 歳代 2,873 人（不明回答者を除く全体の 59.65％）と最も多く、以下 70 歳代（同 37.99％）、80 歳代（同 5.98％）と続く。性別構成をみると、男性が 3,421 名（同 70.03％）を占める。大会参加者の居住地別内訳をみると、富山県内からが 378 名（同 7.9％）、県外参加者を地方別にみると、中部地方からが 834 人（同 17.4％）と最も多く、以下、中国・四国地方797 人（同 16.6％）、近畿地方 754 人（同 15.7％）、関東地方 745 人（同 15.5％）、と続く。

　大会参加者が大会に参加した立場は、「選手・監督」が 4,726 人（同 98.4％）で、「役員」が 11 人（同 0.2％）、「その他」が 68 人（同 1.4％）となっている。

○大会に参加した理由および鑑賞

　大会に参加した理由は、「全国の参加者との交流」が67.2％と最も多く、以下「健康の維持増進」が47.8％、「充実感や生きがいを味わう」が40.7％と続く。

　大会に参加した感想は、「係員やボランティアの対応」に対する評価が最も高く「大変良い」および「良い」の合計で90.4％を占めている。また、「総合開会式」については「大変良い」及び「良い」の合計が81.2％を占め、「種目別交流大会」については「大変良い」及び「良い」の合計が82.5％を占めている。また、県外選手団を対象に「富山にまた来たいか」という問いに対しては、「はい」が96.9％を占めた。

○県内の滞在人数と観光予定

　観光も含めた富山県内への滞在日数は、「4泊5日」1,745人（37.4％）と最も多いが、県内参加者の宿泊者については、「日帰り」が、324人（95.9％）と最も多くなっている。

　大会期間中及び期間後の観光の予定については、全体では「ある」が56.0％を占めており、うち、「ねんりんピック富山2018の観光ツアーに申込」が632人（13.8％）、「独自に手配して観光」が1,934人（42.2％）であった。

○大会参加者の消費支出額

　大会参加に際して消費支出した金額は、回答者1人当たり、県内で11,436円、県外117,981円となっている。全体では、合計で129,417円、費目別でみると、「交通費」44,571円、「宿泊費」42,860円、「土産代」14,356円などとなった。

②来場者アンケート

○回答者属性

　来場者アンケートの回答者の年代構成をみると、「70歳以上」が1,438人（33.0％）と最も多く、以下、「60歳代」1,181人（27.1％）、「40歳代」545人（12.5％）と続く。

　来場者アンケートの回答者の性別構成をみると、「男性」が1,490人（37.8％）、「女性」が2,452人（62.2％）であった。

　居住地をみると、県内からの来場者が3,269人（78.8％）、県外からの来場者が877人（21.2％）であった。

○情報源

　大会を知った情報源については、「新聞」が35.8％と最も多く、以下、「TV」
26.4％、「広報紙・チラシ」25.3％であった。

○会場までの交通手段

　会場までの交通手段については、「自家用車」が43.8％と最も多く、以下、「鉄
道」22.9％、「徒歩」13.1％あった。

○大会の感想

　大会の感想は、「大変良い」及び「良い」の合計が、「総合開会式」については
85.7％、「イベント」については87.6％、「係員やボランティアの対応」については
84.8％を占める。

○消費支出額

　大会来場に際して消費支出した金額は、回答者1人当たり12,923円であった。
費目別にみると「宿泊費」4,481円、「往復交通費」1,569円、「土産代」1,722円、
「飲食代」1,726円、「その他」3,425円となっている。

○普段から取り組んでいる活動および今後、取り組みたい活動
・普段から取り組んでいる活動

　　普段から取り組んでいる活動としては、「スポーツ活動」が49.5％、「文化活
動」が21.8％、「特になし」が41.0％であった。

　　スポーツ活動としては、「ウォーキング」が16.2％と最も多く、以下、「水泳」
4.2％、「ジョギング」3.8％と続いている。

　　文化活動としては、「音楽」が5.2％と最も多く、以下「絵画」2.7％、「書道」、
「写真」が各2.3％と続いている。

・今後取り組んでみたい活動

　　今後取り組んでみた活動については、「スポーツ活動」が43.2％、「文化活動」
が24.4％、「特になし」が42.2％であった。

　　スポーツ活動としては、「ウォーキング」が10.3％と最も多く、以下、「ジョギ
ング」4.4％と続いている。

　文化活動としては、「音楽」が4.7％と最も多く、以下、「絵画」3.5％、「健康マージャン」、「書道」が各3.0％と続いている。

・大会をきっかけとして取り組みたいと思ったこと

　大会をきっかけとして今後取り組みたいと思ったことは、「健康づくり」が64.7％と最も多く、以下、「生きがいづくり」30.0％、「仲間づくり」22.2％と続いている。

〈経済波及効果〉

　今回のアンケートの集計結果等を基に、一般財団法人北陸経済研究所が分析した経済波及効果は、110億4,600万円となった。その内訳は、直接効果：72億2,000万円＋生産誘発額：38億2,600万円＝110億4,600万円であった。

　以上、記載し紹介した内容は、「ねんりんピック富山大会2018報告書」を参考にして記述したものである[4]。

　※宮本勝浩氏の著作『「経済効果」って何だろう？』(2012) よると、経済波及効果（経済効果）とは、「直接効果」＋「生産誘発額」(「一次波及効果」＋「二次波及効果」) のすべての合計を言うもの、と解説している。

　「直接効果」とは交通費、宿泊費、飲食代、観光料金、土産代などをいい、「一次波及効果」とは原材料の売り上げ増加金額であり、「二次波及効果」とは直接効果と一次波及効果によって企業や商店の売り上げが増加することで、それらの企業や商店の経営者や従業員の所得が増加する。その結果、その所得の一部を消費に向ける。その消費増加額を言う、と述べている[5]。

Ⅳ　事例から探る持続可能なスポーツツーリズムに向けて
　　　—ねんりんピック北海道・札幌大会、くまもと大会、富山大会から—

　第1回ひょうご大会以降の全国健康福祉祭（ねんりんピック）は、全国持ち回りで、都道府県・指定都市が地域の特色を生かし毎年盛大に開催されている。高齢者を中心としたスポーツ・文化・健康・福祉の視点から総合的な生涯にわたるスポーツ文化イベントとして今日に至っている。また、同時に生涯スポーツの推進とスポーツツーリズムとしての役割を担いながら高齢者の健康福祉、地域文化活性化に

役立ち、経済波及効果も期待されるわが国における代表的なスポーツ文化イベントとも言える。

　都道府県ごとの開催地でテーマを設けそれぞれの地域の特色を活かした事業内容となっている。主なイベントの具体的な事業内容は、次の通りである。

・健康関連イベント：スポーツ交流大会、ふれあいスポーツ交流大会、ニュース
　スポーツの紹介、健康フェア等
・福祉・生きがい関連イベント：文化交流大会、美術展、地域文化伝承館等
・健康、福祉・生きがい共通イベント：シンポジウム、健康福祉機器展、音楽文化
　祭等
・併催イベント：子どもフェスティバル、40 歳からの健康フェスティバル等

　今回、持続可能なスポーツツーリズムを探るとして―ねんりんピック北海道・札幌大会、くまもと大会、富山大会の報告書から、大会実施状況、大会の特色、参加延べ人数、アンケート調査（経済波及効果も含め）等、その実際の内容を比較検討してみると、いずれの大会も延べ参加者数は、54 万人～55 万人と多数であった。それ以外の都道府県の開催地大会も同様な延べ参加人数を数えた盛大な大会（前掲）となっている。厚生労働省の昭和 62 年 10 月 17 日発政第 22 号に記載された全国健康福祉祭開催要綱に基づいて開催されている全国健康福祉祭（ねんりんピック）は、平成 30 年には第 31 回を数え安定した大会運営が行われ、超高齢社会の我が国における重要な生涯スポーツ推進のためのスポーツ文化イベントとして位置づけられるものとなった。

　また、アンケート調査から読み取れる事柄として、以下①～③のとおりである。

①特色ある企画内容が盛りだくさん用意され魅力ある事業内容と実践が行われている。各大会報告書のアンケート調査結果から分かることは、特に参加者にとって開会式・閉会式の思い出に残る素晴らしい演出が、趣向を凝らしたもので大変魅力的な各大会と回答され好評を博していることである。
②各大会報告書のアンケート調査結果から、リピータ数や参加者（選手等）に対する「おもてなし」に対する好感度が高く、評価された回答から分かるように高評価を得ていることが考察される。

③各大会報告書のアンケート調査結果から事例として取り上げた、この3大会の経済波及効果は、83億2,300万円〜110億4,600万円（推計額）と報告されていることから分かるように経済波及効果が期待される。

他の全国健康福祉祭（ねんりんピック）各大会においても、前掲同様な経済波及効果の推計額が数十億円と報告がなされており、持続可能なスポーツイベントとなっている。すなわち、持続可能なスポーツツーリズムの条件として①〜③を備えた生涯スポーツとしてのスポーツ文化イベントであり、成功事例として紹介できるイベントといえる。

さて、我が国における全国健康福祉祭（ねんりんピック）大会と同様な各都道府県持ち回りの全国大会として、「国民体育大会」をはじめ「全国レクリエーション大会」、「全国障害者スポーツ大会」、「全国高等学校総合体育大会」など実施されている。前掲した大会は、それぞれスポーツ・レクリエーションのスポーツ文化イベントとして全国各地で行われており、同様な経済波及効果をもたらしている成功事例として紹介できるイベントである。

まとめとして、上記大会報告書（前掲）のアンケート調査結果から持続可能なスポーツツーリズム事例として考察したものであるが、今後の研究につなげるためには、全国健康福祉祭（ねんりんピック）以外の全国規模で行われている各（前掲）大会を調査し、持続可能なスポーツツーリズムについて、事例から探る調査研究を進めながら、確かなエビデンスを得られるよう、今後とも継続的な取り組みが必要である。

【引用・参考文献】
[1]「ねんりんピック '98 愛知・名古屋公式報告」1998年
[2]「ねんりんピック北海道・札幌2009大会報告書」2009年
[3]「ねんりんピックくまもと2011大会報告書」2011年
[4]「ねんりんピック富山大会2018報告書」2018年
[5] 宮本勝浩（2012）『「経済効果」ってなんだろう？』中央経済社

資料　パークゴルフに関する調査報告書

I　調査目的・調査方法

1　調査目的

　スポーツには、医療費を抑制できる可能性を秘めており、スポーツ実施による効果として、健康増進、健康寿命の延伸が近年特に注目されるようになってきた。そのため、わが国においては、「スポーツ基本法（平成23年8月施行）」に基づき策定された「スポーツ基本計画（平成24年3月策定）」により、成人の週1回以上のスポーツ実施率が3人に2人（65％程度）となることを政策目標に、各ライフステージに応じたスポーツ参画の促進、地域コミュニティの中核となるスポーツクラブの育成等の取り組みが進められてきた。

　このような政策のもとでは、これまで地域スポーツは、子どもから高齢者に至る誰もが日常的にスポーツを楽しむことができる環境の提供、精神的充足感や楽しさ、喜びをもたらし、心身の健全な発達を促すことなど、人、情報、地域交流による地域コミュニティの活性化に大きな役割を果たしてきた。したがって、今後もこのような地域スポーツが担うべき新たな役割を果たすためには、子どもから高齢者までのライフステージに応じたスポーツ活動への参画をさらに促進することが必要とされており、その意味において、パークゴルフは最も適したスポーツであるといえよう。

　公益社団法人日本パークゴルフ協会は、平成29年に協会設立30周年を迎える。そこでその節目にあたり、パークゴルフの基本理念である「自然を大切にする・3世代交流・安全で楽しいスポーツ」を継承し、パークゴルフのさらなる普及発展を推進するため、パークゴルフ愛好者の意識調査を実施した。なお、本調査の目的は、生涯スポーツとしての今後のパークゴルフの方向性について検証するものである。

2 調査方法

全国40連合会加盟協会員並びにコース会員等及び直轄協会員に対し、以下のとおりアンケート調査を実施した。

調査の構成

調査項目	・回答者の属性（居住地、性別、年齢） ・パークゴルフに関する内容（パークゴルフ歴、パークゴルフを始めたきっかけ、プレー頻度、ラウンド時間、プレーの相手、楽しさ、健康状態、健康増進の効果、協会入会の動機） ・協会に対する意見及び提言（自由記述）
調査期間	平成27年10月20日～平成27年12月11日
調査範囲	全国40連合会加盟協会員、コース会員等、直轄協会員とした。いずれも所属個人会員数の7%を対象調査数とした。
調査方法	アンケート調査票を配布し、郵送にて調査票を回収した。
配 布 数	4,468票
回 収 数	3,682票（有効：3,517票、無効：165票）
回 収 率	82.4%

II　調査集計結果

1　回答者の属性（居住地、性別、年齢）

(1) 居住地

都道府県	回収数	有効	無効	都道府県	回収数	有効	無効
北海道	1,817	1,727	90	愛知県	36	33	3
青森県	51	47	4	三重県	23	20	3
岩手県	114	111	3	大阪府	10	10	0
宮城県	155	147	8	和歌山県	6	6	0
秋田県	59	59	0	島根県	1	1	0
山形県	112	109	3	岡山県	1	1	0
福島県	232	229	3	広島県	19	19	0
茨城県	21	21	0	徳島県	16	15	1
栃木県	42	39	3	香川県	1	1	0
群馬県	44	41	3	高知県	19	18	1
埼玉県	49	43	6	福岡県	28	24	4
千葉県	117	110	7	佐賀県	15	15	0
東京都	3	3	0	長崎県	5	4	1
神奈川県	90	90	0	熊本県	40	36	4
新潟県	4	4	0	大分県	24	22	2
富山県	267	257	10	宮崎県	62	56	6
石川県	126	126	0	鹿児島県	34	34	0
静岡県	2	2	0	沖縄県	37	37	0
				合　計	3,682	3,517	165

※調査項目（性別、年齢、パークゴルフに関する内容）において、不十分な回答165票を無効とし
　て処理した。

(2) 性別

性別	回答数	構成比
男性	2,555	72.6%
女性	962	27.4%
計	3,517	100.0%

(3) 年齢

男性	最高	95 歳
	最低	21 歳
	平均	70.9 歳
女性	最高	89 歳
	最低	20 歳
	平均	68.7 歳
平均		70.3 歳

年齢	男性		女性		合計	
	回答数	構成比	回答数	構成比	回答数	構成比
39 歳以下	18	0.7%	3	0.3%	21	0.6%
40 歳～49 歳	30	1.2%	8	0.8%	38	1.1%
50 歳～59 歳	59	2.3%	46	4.8%	105	3.0%
60 歳～69 歳	782	30.6%	443	46.0%	1,225	34.8%
70 歳～79 歳	1,504	58.9%	438	45.5%	1,942	55.2%
80 歳以上	162	6.3%	24	2.5%	186	5.3%
計	2,555	100.0%	962	100.0%	3,517	100.0%

（1）居住地

　回答者の属性である居住地の結果をみると、47都道府県中36都道府県より回答が寄せられ、全国76.6％を占める普及状況が示された。

　特にパークゴルフの発祥地である北海道の回収数は、1,817（49.3％）で全体の約半数を占めていることから、北海道における普及状況はきわめて高い。

（2）性別

　性別では、男性の構成比率（72.6％）からわかるように、男性プレーヤーが女性プレーヤーの構成比率（27.4％）を大きく上回っている。

（3）年齢

　年齢構成では、最も若い20歳プレーヤーから最高齢の95歳であった。特に年齢構成比の中で占める割合の特徴的な年齢層としては、70歳〜79歳（55.2％）が多数で半数以上を占めている。次いで、60歳〜69歳（34.8％）となっており、この2つの年齢層の区分を合計すると全体の90％となる。

NPGA杯　全日本パークゴルフ大会2013
（千葉県／しすいの森パークゴルフ場）

2　パークゴルフに関する内容

(1)　パークゴルフ歴

Q.　パークゴルフ歴をお答えください。

①1年未満

②1年以上～3年未満

③3年以上～5年未満

④5年以上～10年未満

⑤10年以上～20年未満

⑥20年以上

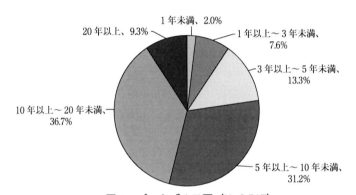

図1　パークゴルフ歴（N=3,517）

　パークゴルフに関する内容のアンケート結果から、パークゴルフ・プレーヤーの競技歴をみると、「5年以上～10年未満（31.2％）」、「10年以上～20年未満（36.7％）」、「20年以上（9.3％）」となっている。これらを合計すると、全体に占める割合が77.2％となることから、パークゴルフを始めてから長年プレーを楽しんでいるプレーヤーがかなり多いということがわかる。また、最近始めたプレーヤーとしては、「1年未満（2.0％）」、「1年以上～3年未満（7.6％）」であった。

(2) パークゴルフを始めたきっかけ

　Q. パークゴルフを始めたきっかけの理由をお答えください。（複数回答可）

　　①健康・体力づくりをしたかったから

　　②気晴らし（ストレス解消）をしたかったから

　　③運動不足を解消したかったから　④友人や仲間と時間を共有したかったから

　　⑤美容や肥満解消に役立つと思ったから　⑥趣味として何かをしたかったから

　　⑦友人からの誘いがあったから　⑧老化防止に役立つと思ったから

　　⑨プレーすることが楽しいから　⑩自分にあったスポーツだと思ったから

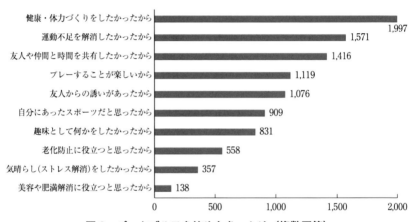

図2　パークゴルフを始めたきっかけ（複数回答）

　パークゴルフを始めたきっかけの上位3つをみると、「健康・体力づくりをしたかったから（1,997）」、「運動不足を解消したかったから（1,571）」、「友人や仲間と時間を共有したかったから（1,416）」であった。

　これらの回答結果から、多くのパークゴルフ・プレーヤーは、健康・体力づくり・運動不足解消を意識しながら、友人や仲間との時間を共有すること（コミュニケーションとしての場）を求めていることがわかる。また、次いで「プレーすることが楽しいから（1,119）」、「友人からの誘いがあったから（1,076）」、「自分にあったスポーツだと思ったから（909）」などのきっかけで、パークゴルフを始めたプレーヤーも多いことが示された。

（3）プレー頻度

　Q.パークゴルフはどの位の頻度でプレーしますか。

　　①週1回程度

　　②週2回～3回程度

　　③週3回～4回程度

　　④週4回～5回程度

　　⑤週5回～6回程度

　　⑥ほぼ毎日

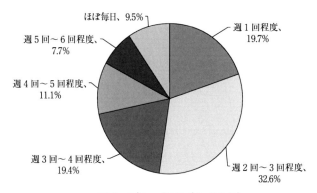

図3　プレー頻度（N=3,517）

　プレー頻度の結果から、プレーヤーが日常生活の中で「週2回～3回程度（32.6％）」プレーをしているとの回答が最も多く、次いで「週1回程度（19.7％）」、「週3回～4回程度（19.4％）」であった。また、プレー頻度が高いプレーヤーでは、「週4回～5回程度（11.1％）」、「週5回～6回程度（7.7％）」、「ほぼ毎日（9.5％）」が示されている。これらを合計すると28.3％となることから、プレーヤーの4人に1人は毎日の生活リズムの中に溶け込んで日常化し、パークゴルフが楽しんで行われている様子がうかがえる。

（4）ラウンド時間

Q. 1ラウンドあたりどの位の時間をかけていますか。

① 1時間以内

② 1時間〜2時間以内

③ 3時間〜4時間以内

④ 4時間以上

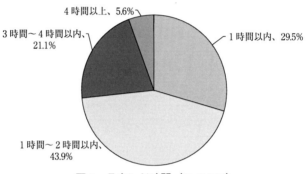

図4　ラウンド時間（N=3,517）

　ラウンド時間の結果から、「1時間〜2時間以内（43.9％）」の回答が最も多く、次いで「1時間以内（29.5％）」であった。これを合計すると73.4％となり、多数のプレーヤーが日常生活時間の中で1時間から2時間程度でパークゴルフのプレーを行っていることがわかる。また、「3時間〜4時間以内（21.1％）」、「4時間以上（5.6％）」といったプレーヤーがいることから、日常生活時間の半分をパークゴルフ中心に使っている様子がうかがえる。

(5) プレーの相手

Q.　日頃、誰とプレーしていますか。

　　①友人

　　②同好会や協会の会員

　　③夫・妻・親・子

　　④その他

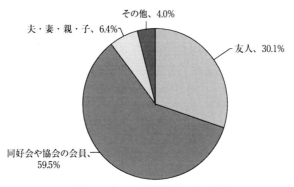

図5　プレーの相手（N=3,517）

　アンケート調査項目の「パークゴルフを始めたきっかけ」の結果において、「友人や仲間と時間を共有したかったから（1,416）」といったことからも推測できるように、「同好会や協会の会員（59.5％）」と「友人（30.1％）」をあわせると89.6％であった。また、少数ではあるが「夫・妻・親・子（6.4％）」との回答から、パークゴルフはファミリーでも楽しめる生涯スポーツであることがわかる。

94

(6) パークゴルフの楽しさ

Q. パークゴルフを始めて良かったことやどんな時に楽しいと思いますか。

（複数回答可）

①他人からプレーをほめられた時　②大会などで勝った時

③表彰されるなど、賞や賞品をもらった時　④友人ができた時

⑤友人と一緒にプレーをしている時　⑥子供や孫と一緒にプレーをしている時

⑦自分の能力を試している時　⑧技術が向上した時

⑨ホールインワン等、個人で設定した目標が達成された時

⑩パークゴルフそのものの興奮をあじわう時　⑪他人と競技で競う時

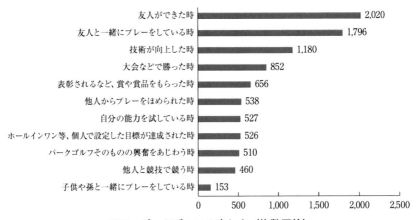

図6　パークゴルフの楽しさ（複数回答）

　パークゴルフの楽しさの結果から、最も多かった回答は、「友人ができた時（2,020）」、次いで「友人と一緒にプレーをしている時（1,796）」であり、プレーヤーの求めている楽しさを知ることができる。また、3番目に多かった回答は、「技術が向上した時（1,180）」、次いで「大会などで勝った時（852）」が示された。このことは、スポーツの持つ特性として最も基本的な楽しさであるゲームに勝つことにつながる回答でもあり、その他のアンケート項目でも、楽しさについての回答が寄せられ、パークゴルフの持つ多様な魅力をうかがい知ることができる。

（7）健康状態

Q. パークゴルフを始めてから健康状態に変化はありましたか。

①常に健康になった

②健康になった

③変わらない

④やや悪くなった

⑤非常に悪くなった

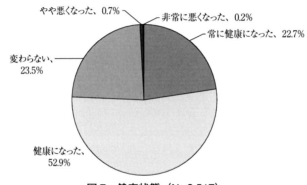

図7　健康状態（N=3,517）

　健康状態におけるアンケート結果から、パークゴルフをプレーして「健康になった（52.9％）」、「常に健康になった（22.7％）」との回答をあわせると75.6％であった。このことは、生涯スポーツとしてのパークゴルフが、健康・体力づくりに貢献していることが顕著に示された結果とも読み取れる。少子・超高齢社会にあって、スポーツによる医療費抑制への期待が益々高まっている中、スポーツ実施による効果として、健康増進、健康寿命の延命などに期待が寄せられている。その期待を背景にパークゴルフの活動は、アンケート結果が示しているように健康増進に有効な生涯スポーツといえよう。

(8) 健康増進の効果

Q　パークゴルフをするようになって健康増進に何か効果がありましたか。

（複数回答可）

①食事がおいしくなった

②病院通いが減った

③風邪をひかなくなった

④良く眠れるようになった

⑤便秘が解消した

⑥リハビリ効果になった

⑦足腰が丈夫になった

⑧肩こりが解消した

⑨おしゃれをするようになって気持ちが若返った

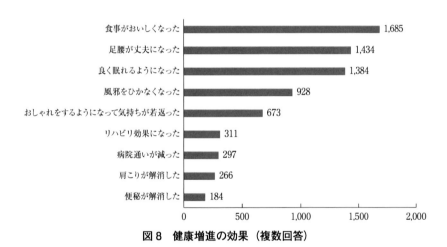

図8　健康増進の効果（複数回答）

　健康増進の効果についてのアンケート結果によると、「食事がおいしくなった（1,685）」が最も多く、次いで「足腰が丈夫になった（1,434）」であった。続いて「良く眠れるようになった（1,384）」、「風邪をひかなくなった（928）」との回答であった。さらに健康に関連する効果として「おしゃれをするようになって気持ちが若返った（673）」、「リハビリ効果になった（311）」、「病院通いが減った（297）」、「肩こりが解消した（266）」、「便秘が解消した（184）」との順で回答が寄せられた。

(9) 協会入会の動機

Q.　会員になった動機をお答えください。(複数回答可)

①友人や知人に誘われたため

②多くの仲間とパークゴルフをする機会を増やすため

③連合会や日本協会が主催・協賛する大会に参加するため

④指導員やアドバイザーの資格を取りたいため

⑤パークゴルフのルールやマナーなどの情報を知りたいため

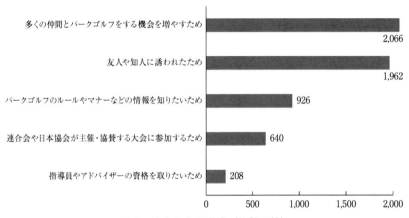

図9　協会入会の動機 (複数回答)

　協会への入会動機についてのアンケート結果によると、「多くの仲間とパークゴルフをする機会を増やすため (2,066)」が最も多く、次いで「友人や知人に誘われたため (1,962)」であった。これらの結果は、「パークゴルフを始めたきっかけ」の項目とリンクした納得できる回答であった。友人や仲間と時間を共有しながらパークゴルフを楽しむことで、コミュニケーションづくりや生きがいづくりにつながる効果が期待できる。その他の回答では、協会活動に係るもので、「パークゴルフのルールやマナーなどの情報を知りたいため (926)」、「連合会や日本協会が主催・協賛する大会に参加するため (640)」、「指導員やアドバイザーの資格を取りたいため (208)」の順であった。

（10）協会に対する意見及び提言

ご意見・ご提言があれば、ご記入ください。（自由記述）

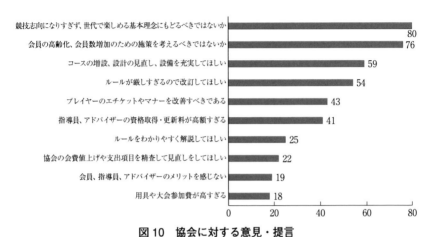

競技志向になりすぎず、世代で楽しめる基本理念にもどるべきではないか　80
会員の高齢化、会員数増加のための施策を考えるべきではないか　76
コースの増設、設計の見直し、設備を充実してほしい　59
ルールが厳しすぎるので改訂してほしい　54
プレイヤーのエチケットやマナーを改善すべきである　43
指導員、アドバイザーの資格取得・更新料が高額すぎる　41
ルールをわかりやすく解説してほしい　25
協会の会費値上げや支出項目を精査して見直しをしてほしい　22
会員、指導員、アドバイザーのメリットを感じない　19
用具や大会参加費が高すぎる　18

図 10　協会に対する意見・提言

　上記に示したグラフは、自由記述（回答者：537名）を内容別に整理した上位 10 の結果である。パークゴルフは、生涯スポーツとして 3 世代で楽しめ健康づくりに役立つものとして普及発展した経緯がある。このことから、多数の会員から「競技志向になりすぎず、3 世代で楽しめる基本理念にもどるべきではないか（80）」との回答が寄せられた。また、その他の項目についても生涯スポーツとして楽しくプレーをしたいとの内容と重なる自由記述が多数あった。

北海道知事杯　第 27 回パークゴルフ国際大会
（北海道幕別町／パークゴルフ発祥の地）

Ⅲ　調査結果の要約

　パークゴルフ競技は、特に高度な技術を必要とせず、集中力や調整力を発揮でき
る要素を組み合わせた生涯スポーツとしてのニュースポーツである。芝のコースで
プレーし、男女を問わず初心者でも簡単に取り組めるスポーツである。また、個人
競技で比較的ルールも簡単なことから気軽に楽しむことができる。2012 年 11 月 5
日付『朝日新聞』の記事では、競技人口は約 130 万人、パークゴルフのコースは、
1,200 カ所を超すと紹介されている。海外の会員も含め協会登録人口は約 6 万人、
シニア層の中でも人気の高いニュースポーツであり、公認コースも全国に 351 コー
ス整備されている（2016 年 4 月現在）。

　今回のアンケート調査では、居住地の属性として 36 都道府県より回答があり、
全国 47 都道府県中 76.6％を占め、性別の属性では男性構成比率（72.6％）女性構成
比率（27.4％）であった。プレーヤーの年齢の属性では、最も若い 20 歳から最高齢
の 95 歳であったが、全体の年齢構成比でみると 60 歳〜 79 歳が全体の 90％を占め
ていることから、高齢者のプレーヤーの割合がやや高いという傾向がみられる。

　パークゴルフに関する内容のアンケート結果から、プレーヤーの競技歴をみると
5 年〜 20 年以上の割合が 77.2％を占めている。このことから、パークゴルフを始
めてから長年プレーを楽しんでいるプレーヤーがかなり多いということがわかり、
パークゴルフは、その特性から生涯スポーツとして継続的に老若男女がプレーでき
るニュースポーツであるといえる。

　パークゴルフを始めたきっかけの上位 3 つをみると、複数回答ながら「健康・
体力づくりをしたかったから（1,997）」、「運動不足を解消したかったから（1,571）」
の順で回答があり、次いで「友人や仲間と時間を共有したかったから（1,416）」で
あった。これらの結果が示すように、多くのパークゴルフ・プレーヤーは、健康・
体力づくり・運動不足解消を意識しながら、友人や仲間との時間を共有すること
（コミュニケーションとしての場）を求めていることが確認できた。

　プレー頻度については、プレーヤーが日常生活の中で「週 2 回〜 3 回程度
（32.6％）」、「週 1 回程度（19.7％）」、「週 3 回〜 4 回程度（19.4％）」が多数であっ
た。また、「週 4 回〜 5 回程度（11.1％）」、「週 5 回〜 6 回程度（7.7％）」、「ほぼ毎日
（9.5％）」を合計すると 28.3％となることから、毎日の生活リズムの中に溶け込んで
日常化し、パークゴルフを楽しんでいる様子がわかった。

　ラウンド時間の調査結果から、多数のプレーヤーが日常生活時間の中で、1ラウンドあたり1時間から2時間程度でプレーをしていることがわかった。また、3時間～4時間以上プレーをしているプレーヤーも26.7％示されたことから、日常生活時間の半分をパークゴルフ中心に使い日常生活を過ごしている様子をうかがい知ることができた。

　プレーの相手については、パークゴルフを始めたきっかけの質問項目「友人や仲間と時間を共有したいから（1,416）」という回答とリンクしていることから、「同好会や協会の会員（59.5％）」や「友人（30.1％）」が計89.6％示された。また、「夫・妻・親・子（6.4％）」との回答から、ファミリーでも楽しめる生涯スポーツであることが確認できた。

　パークゴルフの楽しさについてのアンケート結果では、「友人ができた時（2,020）」が最も多く、次いで「友人と一緒にプレーをしている時（1,796）」が示され、プレーヤーの求めている楽しさを知ることができた。また、3番目に多かった回答では、「技術が向上した時（1,180）」、次いで「大会などで勝った時（852）」が示された。このことは、スポーツの持つ特性として最も基本的な楽しさであるゲームに勝つことにつながるという納得できる回答であり、その他のアンケート項目でも、楽しさについての回答が寄せられていることから、パークゴルフの持つ多様な魅力をうかがい知ることができた。

　健康状態におけるアンケート結果では、パークゴルフをプレーして「健康になった（52.9％）」、「常に健康になった（22.7％）」との回答をあわせると75.6％であった。このことは、生涯スポーツとしてのパークゴルフ活動の実践をとおして、健康・体力づくりに貢献できる顕著に示された結果ともいえる。少子・超高齢社会にあって、スポーツは医療費抑制への期待が益々高まり、スポーツ実施による効果として、健康増進、健康寿命の延命などに期待が寄せられている。したがって、その期待を背景にパークゴルフの活動は、アンケート結果が示すように健康増進に有効な生涯スポーツとして推奨できるニュースポーツであるといえる。

　健康増進の効果についてのアンケート結果では、「食事がおいしくなった（1,685）」で最も多く回答された。次いで「足腰が丈夫になった（1,434）」、「よく眠れるようになった（1,384）」、「風邪をひかなくなった（928）」と回答が示された。さらに健康に関連する効果としては、「おしゃれをするようになって気持ちが若返った（673）」、「リハビリ効果（311）」、「病院通いが減った（297）」、「肩こりが解消した

(266)」、「便秘が解消した（184）」との回答が示され、パークゴルフの実践活動による心身における健康増進においては、様々な効果を期待させるものであった。

　協会への入会動機についてのアンケート結果では、「多くの仲間とパークゴルフをする機会を増やすため（2,066）」が最も多く、次いで「友人や知人に誘われたため（1,962）」であった。この結果から、「パークゴルフを始めたきっかけ」とリンクした納得できる回答が示され、友人や仲間と時間の共有をしながらパークゴルフを楽しみ行うことで、コミュニケーションづくりや生きがいづくりにつながる効果が期待できるのではなかろうか。その他協会活動に係るものでは、「パークゴルフのルールやマナーなどの情報を知りたいため（926）」、連合会や日本協会が主催・協賛する大会に参加するため（640）」、「指導員やアドバイザーの資格を取りたいため（208）」であった。

　今回のアンケート結果から、生涯スポーツとして楽しまれるパークゴルフは、スポーツ・レクリエーションとして手軽に行える特性から、少子・超高齢社会を時代背景に健康増進の効果やコミュニケーションづくりに期待が寄せられる生涯スポーツであるということを再確認することができた。

・本調査報告書は、公益社団法人日本パークゴルフ協会が実施したアンケート調査をもとに愛知東邦大学の石川幸生、杉谷正次が担当し、まとめたものである。
・パークゴルフの紹介資料については、公益社団法人日本パークゴルフ協会のホームページより引用した。

人にやさしく、自然に優しく、誰もが楽しめる。
"遊び"を原点とした3世代スポーツ、
それがパークゴルフです。

世代を問わずみんなが楽しめる。
自然と笑顔がこぼれるから、人に元気が、まちに活気があふれてくる。
パークゴルフ発祥の地北海道幕別町をはじめとして
今、様々な地域でパークゴルフのもたらす相乗効果が現われています。

パークゴルフとは

パークゴルフとは、スタート地点(ティグラウンド)から各人がクラブで自分のボールを打ち、いかに少ない打数で直径約20cmのカップに入れるかを競うスポーツです。4人以内で回り(1人でもかまいません)、コースはハーフ9ホール(パー33)を原則として、1ラウンド18ホール(パー66)でプレーします。コースによっては27ホール、36ホールとあり、地形を利用したコースレイアウトなどその土地ならではの特色を活かせるのも大きな魅力です。また、ハンディキャップを最小限にとどめるため、1ホールの距離を100m以内と定められています。

資料1　パークゴルフとは

「楽しさの共有」をキーワードに、パークゴルフを通してコミュニケーションの輪が広がっています。

資料2　パークゴルフの遊び方

地域の活性化や医療福祉分野への貢献など、
パークゴルフの多様な可能性が、
今注目を集めています。

高齢者同士はもちろん3世代が和気あいあいとプレーを楽しめ、新しいコミュニティ形成の社会効果を生み出します。

「よく眠れる」「食事が楽しくなった」「足腰が丈夫になった」など健康増進効果があり、医療費削減にも貢献します。

コミュニティスポーツとして、小中学生をはじめ大学でも、授業またはクラブ活動として広く採用されています。

雑草が生い茂っているだけの広い土地が、笑顔あふれる集いの場になるとしたら。パークゴルフは土地の有効利用という面からも注目されています。

特産品の売上増など観光消費額の増加が期待され、地域の経済活性化に大きな貢献を果たします。

あるがままの自然環境を有効利用することで、環境保全にも効果的。企業（工場など）の緑化政策にも最適です。

地域交流
3世代交流
国際交流

教育効果

健康促進

パークゴルフ
による効果

土地の
有効利用

経済効果

観光開発

資料3　パークゴルフによる効果

おわりに

　世界のスポーツツーリズムの市場規模は、2016年1兆4,100億米ドル（153兆6,900億円／1米ドル＝109円で換算）であったが、その後国内および国際トーナメントの数の増加によって、2023年には6兆1,200億米ドル（667兆800億円／1米ドル＝109円で換算）の市場規模になると予測されている。この予測が現実となれば、スポーツツーリズムの市場規模は5年間で4.34倍も成長することになる。

　わが国では、2020年の「東京オリンピック・パラリンピック」、2021年の「関西ワールドマスターズゲームズ」が誘致されるなど、ここ数年の間に大きな国際スポーツ競技会が続けざまに開催されることになっているが、このようなメガスポーツイベントが継続的に毎年開催されるとは考えられない。

　したがって、わが国が進める観光立国実現に向けて、持続可能なスポーツツーリズムに関する研究が今後必要不可欠なものとなってくるであろう。

　緒に就いたばかりのこの種の研究ではあるが、今後も継続的な調査研究を行い、さらなるスポーツツーリズムの可能性を探るとともに、持続可能なスポーツツーリズムの実現に向けた研究のきっかけとなればと考える。

　最後に、本書の出版にあたっては、唯学書房村田浩司氏にお世話になり、心より感謝を申し上げる。

　2020年1月

杉谷　正次

石川　幸生

愛知東邦大学　地域創造研究所

　愛知東邦大学地域創造研究所は 2007 年 4 月 1 日から、2002 年 10 月に発足した
東邦学園大学地域ビジネス研究所を改称・継承した研究機関である。

　地域ビジネス研究所設立当時は、単科大学（経営学部 地域ビジネス学科）附属の
研究機関であったが、大学名称変更ならびに 2 学部 3 学科体制（経営学部 地域ビジ
ネス学科、人間学部 人間健康学科・子ども発達学科）への発展に伴って、新しい研究
分野を包括する名称へと変更した。

　現在では、3 学部 4 学科体制（経営学部 地域ビジネス学科・国際ビジネス学科、人
間健康学部 人間健康学科、教育学部 子ども発達学科）となり、さらに研究・教育の
フィールドを広げ、より一層多様な形で地域発展に寄与しようとしている。

　当研究所では、研究所設立記念出版物のほか、年 2 冊のペースで「地域創造研究
叢書（旧 地域ビジネス研究叢書）」を編集しており、創立以来、下記の内容をいずれ
も唯学書房から出版してきた。

・『地域ビジネス学を創る──地域の未来はまちおこしから』（2003 年）

地域ビジネス研究叢書

・No.1『地場産業とまちづくりを考える』（2003 年）

・No.2『近代産業勃興期の中部経済』（2004 年）

・No.3『有松・鳴海絞りと有松のまちづくり』（2005 年）

・No.4『むらおこし・まちおこしを考える』（2005 年）

・No.5『地域づくりの実例から学ぶ』（2006 年）

・No.6『碧南市大浜地区の歴史とくらし──「歩いて暮らせるまち」をめざして』
　（2007 年）

・No.7『700 人の村の挑戦──長野県売木のむらおこし』（2007 年）

地域創造研究叢書

・No.8『地域医療再生への医師たちの闘い』（2008 年）

・No.9『地方都市のまちづくり──キーマンたちの奮闘』（2008 年）

・No.10『「子育ち」環境を創りだす』（2008 年）

・No.11『地域医療改善の課題』（2009 年）

- No.12『ニュースポーツの面白さと楽しみ方へのチャレンジ——スポーツ輪投げ「クロリティー」による地域活動に関する研究』（2009 年）
- No.13『戦時下の中部産業と東邦商業学校——下出義雄の役割』（2010 年）
- No.14『住民参加のまちづくり』（2010 年）
- No.15『学士力を保証するための学生支援——組織的取り組みに向けて』（2011 年）
- No.16『江戸時代の教育を現代に生かす』（2012 年）
- No.17『超高齢社会における認知症予防と運動習慣への挑戦——高齢者を対象としたクロリティー活動の効果に関する研究』（2012 年）
- No.18『中部における福澤桃介らの事業とその時代』（2012 年）
- No.19『東日本大震災と被災者支援活動』（2013 年）
- No.20『人が人らしく生きるために——人権について考える』（2013 年）
- No.21『ならぬことはならぬ——江戸時代後期の教育を中心として』（2014 年）
- No.22『学生の「力」をのばす大学教育——その試みと葛藤』（2014 年）
- No.23『東日本大震災被災者体験記』（2015 年）
- No.24『スポーツツーリズムの可能性を探る——新しい生涯スポーツ社会への実現に向けて』（2015 年）
- No.25『ことばでつなぐ子どもの世界』（2016 年）
- No.26『子どもの心に寄り添う——今を生きる子どもたちの理解と支援』（2016 年）
- No.27『長寿社会を生きる——地域の健康づくりをめざして』（2017 年）
- No.28『下出民義父子の事業と文化活動』（2017 年）
- No.29『下出義雄の社会的活動とその背景』（2018 年）
- No.30『教員と保育士の養成における「サービス・ラーニング」の実践研究』（2018 年）
- No.31『地域が求める人材』（2019 年）
- No.32『高齢社会の健康と福祉のエッセンス』（2019 年）

当研究所ではこの間、愛知県碧南市や同旧足助町（現豊田市）、長野県売木村、豊田信用金庫などからの受託研究や、共同・連携研究を行い、それぞれ成果を発表しつつある。研究所内部でも毎年 5 ～ 6 組の共同研究チームを組織して、多様な角度からの地域研究を進めている。本報告書もそうした成果の 1 つである。また学校法人東邦学園が所蔵する、9 割以上が第二次大戦中の資料である約 1 万 4,000 点の「東邦学園下出文庫」も、2008 年度から愛知東邦大学で公開し、現在は大学図書館

からネット検索も可能にしている。

　そのほか、月例研究会も好評で、学内外研究者の交流の場にもなっている。今後とも、当研究所活動へのご協力やご支援をお願いする次第である。

執筆者紹介

杉谷　正次（すぎたに　まさつぐ）／愛知東邦大学経営学部地域ビジネス学科教授（第1章・第2章・第3章・資料担当）

石川　幸生（いしかわ　ゆきお）／愛知東邦大学人間学部人間健康学科教授（第4章・資料担当）

本著作は上記のとおり分担執筆をしているが、共同研究の性格上抽出不可能であることを付記する。

地域創造研究叢書No.33

持続可能なスポーツツーリズムへの挑戦

2020年3月31日　第1版第1刷発行　　　　※定価はカバーに
　　　　　　　　　　　　　　　　　　　　表示してあります。

編　者──愛知東邦大学　地域創造研究所

発　行──有限会社　唯学書房

　　　　　〒113-0033　東京都文京区本郷1-28-36　鳳明ビル102A
　　　　　TEL　03-6801-6772　　FAX　03-6801-6210
　　　　　E-mail　yuigaku@atlas.plala.or.jp
　　　　　URL　https://www.yuigakushobo.com

発　売──有限会社　アジール・プロダクション

装　幀──米谷　豪

印刷・製本──中央精版印刷株式会社